認識自我，理解他人！

九型人格
心理學
ENNEAGRAM PSYCHOLOGY

在差異中尋找共鳴

解析不同人格在情感和職場中的表現
學會自我調適與有效溝通的關鍵

豐富案例＋權威心理測試
在輕鬆的閱讀中深入了解自身的人格特質

不同人格類型的特點、情緒、情感和人際關係
更深入地了解自己和他人，成為受歡迎的社交達人

陳國強——著

目 錄

前言

Part1　發現自己的人格

- 人格與性格的區別 …………………………………… 010
- 什麼是九型人格 ……………………………………… 013
- 測試你是哪一類人格 ………………………………… 018

Part2　完美型人格：內心只有美好

- 完美型人格的發光之處 ……………………………… 026
- 完美型人格的不完美 ………………………………… 029
- 完美型人格在社交中的表現 ………………………… 032
- 完美型人格在職場中的不同表現 …………………… 035
- 與完美型人格的相處之道 …………………………… 038
- 完美型人格的自我調適 ……………………………… 041
- 完美型人格與其他人格的碰撞 ……………………… 045

Part3　奉獻型人格：我們都很熱心

- 奉獻型人格的熱心 …………………………………… 050
- 奉獻型人格的發展階段 ……………………………… 053
- 奉獻型人格在社交中的行為表現 …………………… 057
- 奉獻型人格在職場中的表現 ………………………… 060

目錄

　　怎樣與奉獻型人格相處地更好……………………………063
　　奉獻型人格的自我修正……………………………………066
　　奉獻型人格與其他人格的碰撞……………………………069

Part4　實踐型人格：我們都是「工作狂」

　　實踐型人格踏實的實踐精神………………………………074
　　實踐型人格的變型…………………………………………077
　　實踐型人格的情感世界……………………………………081
　　實踐型人格在工作中的表現………………………………084
　　如何與實踐型人格相處地更好……………………………087
　　實踐型人格的自我心理調整………………………………090
　　實踐型人格與其他人格的碰撞……………………………093

Part5　浪漫型人格：我們都是愛浪漫的人

　　浪漫型人格的魅力…………………………………………098
　　浪漫型人格的缺陷…………………………………………101
　　浪漫型人格的情感世界……………………………………104
　　浪漫型人格在工作中的表現………………………………107
　　怎樣與浪漫型人格相處地更好……………………………110
　　浪漫型人格的心理調整……………………………………113
　　浪漫型人格與其他人格的碰撞……………………………116

Part6　觀察型人格：目光停留在他人身上

觀察型人格的特點 ……………………………………… 120
觀察型人格的不同發展階段 …………………………… 123
觀察型人格的情感世界 ………………………………… 127
觀察型人格在工作中的表現 …………………………… 130
怎樣與觀察型人格相處地更好 ………………………… 134
觀察型人格的自我心理調整 …………………………… 137
觀察型人格與其他人格的碰撞 ………………………… 140

Part7　懷疑型人格：我們天生多疑

懷疑型人格的特點 ……………………………………… 146
懷疑型人格在不同階段的表現 ………………………… 149
懷疑型人格的情感世界 ………………………………… 153
懷疑型人格在職場上的表現 …………………………… 156
怎樣與懷疑型人格相處地更好 ………………………… 159
懷疑型人格的自我心理調適 …………………………… 163
懷疑型人格與其他人格的碰撞 ………………………… 167

Part8　享樂型人格：人生得意須盡歡

享樂型人格的特徵 ……………………………………… 172
享樂型人格在不同階段的表現 ………………………… 175
享樂型人格的情感世界 ………………………………… 179
享樂型人格在工作中的表現 …………………………… 182
怎樣與享樂型人格相處地更好 ………………………… 186

目錄

享樂型人格的自我心理調節 …………………………189
享樂型人格與其他人格的碰撞 ………………………192

Part9　領導型人格：能力越大責任越大

領導型人格的特點………………………………………196
領導型人格在不同階段的表現…………………………199
領導型人格的情感世界…………………………………202
領導型人格的職場表現…………………………………205
怎樣與領導型人格相處地更好…………………………208
領導型人格的自我調節　………………………………211
領導型人格與其他人格的碰撞…………………………215

Part10　協調型人格：我們都是好朋友

協調型人格的特點………………………………………220
協調型人格在不同階段的表現…………………………223
協調型人格的情感世界…………………………………226
協調型人格在工作中的表現……………………………229
怎樣與協調型人格相處地更好…………………………232
協調型人格的自我提升…………………………………236
協調型人格與其他人格的碰撞…………………………239

前言

　　追求盡善盡美的完美型、古道熱腸的奉獻型、腳踏實地的實踐型、充滿藝術氣息的浪漫型、頭腦冷靜的觀察型、忠誠可靠的懷疑型、快樂至上的享樂型、追求權力的領導型、平易近人的協調型——九型人格作為自我探索和提升的心理分析工具，對於我們認識自我、改善自我具有特殊的價值和作用。不同人格之間縱橫交錯的關係意味著每種人格都有調適和超越的空間。不論你是哪一種類型，掌握九型人格的理論，就可以了解自己的優勢和短處，彌補缺陷，發揮優勢，我們的人生才能更加幸福、圓滿，才能提升到新的高度。

　　本書以淺顯的語言和生動的案例為讀者詮釋了九型人格。每種人格的優勢與不足、在社交和職場中的表現、具備該類型人格的人如何自我調適、如何與該類型人格者相處、該類型人格與其他人格的互補與碰撞，作者在書中都一一做了深入淺出的分析和解說。在對號入座的過程中，或許你會發現自己具備不同人格類型的特質，這是完全正常的，不同人格之間本就存在相互滲透和轉化的關係。重要的是，把九型人格作為一個指標，指引我們在自我探索的路上沿著正確的方向走下去，更深入、更全面地了解自己。「知人者智，自知者明」，祝你成為一個明智的人、成功的人。

前言

Part1　發現自己的人格

人格是一個人的思想、情感、行為在社會中表現出來的一種綜合模式，具有獨特性、穩定性、綜合性、功能性等特徵。

Part1　發現自己的人格

人格與性格的區別

　　人格與性格都是人們主觀意識形態的一種表現，但是兩者之間仍有著細微的區別。人格是一個人在社會環境與社交中表現出來的一種獨特的行為模式、思維模式以及情緒反應，是一個人穩定的個性心理特徵，也是一個人與他人相區別的重要象徵，主要表現在一個人對現實的態度和相應的行為方式上。

　　人格包括性格與氣質兩部分。「人格」一詞在生活中有多種含義，可以是道德上的人格，即一個人的品德和操守；也可以是法律意義上的人格，即享有法律地位的人；還可以是文學意義上的人格，它指的是人物心理的獨特性和典型性。性格則是一個人個性的核心，是一個人在現實生活中比較穩定的、具有核心意義的個性心理特徵，代表了人們對現實和周圍事物的一種態度，並展現在自己的言行舉止中。比如說，果斷與猶豫、開朗與自卑、勤勞與懶惰，這些屬性都屬於一個人的性格特徵。

　　人們在生活中的所作所為通常會對自己的人格產生影響，但很少會改變自己的性格。例如，一個人做了一件不好的事情，人們只會對他的人格進行質疑，而不會對其性格提出非議。除此之外，在社交過程中，人們會用自身的人格作為擔保，但是沒有人會用性格作為擔保，這也可以反映出人格具有更多性格所不具備的社會功能和道德功能。

　　「人格」（personality）一詞來源於古希臘語 persona，指的是古希臘戲劇演員在表演時所戴的一種面具。隨著語言的演變，人格有了兩種不同的意思：第一，是指一個人在人生舞臺上遵從社會文化習俗所表現出來的種種行為反應，也就有了類似於用面具來展現角色自身的「外殼」表現功能；第二，是指一個人由於種種原因不願充分展現自己的人格成分，

用面具作為一種掩飾，即面具背後有一個真實的自我。現代心理學的研究過程中仍然沿用了「persona」一詞的含義，將其譯為人格。

而人格作為一個心理學術語，指的是一個人的個性，是一個人在先天的生理條件基礎上，在社會環境中，透過不斷的社交而發展出的個人穩定心理特徵總和。

由此可知，人格是一個複雜的系統結構，它包括氣質、性格、認知風格、自我掌控等諸多成分。人格在當下的研究中被分為十幾種不同的類型，這些類型分別是研究型人格、衝動型（娛樂型）人格、行銷型（服務型）人格、政治型人格、接納型人格、剝奪型人格、貯藏型人格、生產型人格、懶惰型人格、好動型人格、畸形人格等等。這些人格都是人們在社會中表現出來的特點，更多的是展現了一種社會功能。

人格是一個人的思想、情感、行為在社會中表現出來的一種綜合模式，具有獨特性、穩定性、綜合性、功能性等特徵。

人格的獨特性指的是人格是在遺傳、環境、教育等多種因素的作用下形成的，這也使得每個人的人格雖然與別人有相似之處，但都會烙下自己獨有的印記，也就是說每個人的人格都是獨一無二的。

人格的穩定性可以用「江山易改，本性難移」這句俗語來解釋，也就是說一個人的人格一旦形成，其大部分特徵都不會輕易發生變化。雖然隨著個體的生理成熟和環境的變化，人格也會隨之發生變化，但是其主體特徵很難改變。

人格的綜合性是指人格是由多種成分構成的一個有機個體，受自我主觀意識的控制。人格的綜合性是一個人心理健康的重要標準，因為只有構成人格的各種要素處在一種和諧、平衡的局面中時，才能避免出現人格分裂的異常狀況。

人格的功能性是指，一個人的生活方式、處世標準都會受到人格的

Part1　發現自己的人格

影響。強者在面對挫折時可以做到越挫越勇，弱者則會表現得一蹶不振，這其實都是人格功能性的一種表現。

性格在字典中的解釋是每個人在對人、對事的態度和行為方式上所表現出來的心理特徵，是人格的一種表現形式。性格是一個人個性的核心部分，最能表現人與人之間的差異，具有複雜的特徵。

性格的這些特徵可以概括為四個方面：一是指個人對現實和對自己的態度特徵，常用到的形容詞有誠實、虛偽、謙遜、驕傲等等；二是指個人的意識特徵，包括一個人對自身行為目標的明確程度、對自身行為的控制程度以及在一些緊急場合和困難場合表現出來的意識特徵，經常用到的形容詞有勇敢、怯懦、果斷、優柔寡斷、堅韌等等；三是指個人的情緒特徵，包括個人情緒對自身行為的激勵程度和支配程度以及情緒受自身意志控制的程度。這類情緒形容詞通常有熱情、冷漠、開朗、憂鬱等等；四是指個人的理智特徵，包括一個人在感知和思維方面的表現，這類形容詞包括思維敏捷、認知性強、邏輯性強、思維遲緩、思維沒有邏輯等等。

人的性格有相當一部分是在後天的生活中逐漸形成的，如靦腆、暴躁、果斷、猶豫等等。華人文化有一句這樣的古語：「積行成習，積習成性，積性成命。」西方也有一句與之意思相近的名言：「播下一個行為，收穫一種習慣；播下一種習慣，收穫一種性格；播下一種性格，收穫一種命運。」

由此可見，性格在現實生活中對人的行為有著不可忽視的作用，急性子、慢性子、內向、外向、活潑、安靜等等，這些性格特徵都會使得人們的行為產生不同的後果。

因此，人們在當下的生活中非常關注性格的培養，都想使自己有一個積極向上的性格，可以讓自己更加從容地面對這個社會的挑戰，而人的性格培養在現代社會中已經成為一個被廣泛關注的課題。

什麼是九型人格

　　生活中每個人都是獨一無二的個體，每個人都擁有自己獨特的人格。透過長期的研究和觀察後，人們將人格分為九個大類型，這些分類並沒有什麼好壞之分，只不過是不同的人回應世界的方式有差異而已。

　　另外，九型人格的理論並沒有將人們的人格局限在一隅，而是允許每個人展現不同的人格。九型人格是人格的一種普遍分類，在每個人身上都有特殊的表現。九型人格學的研究至今已經有兩千多年，它按照人們慣性的思維模式、情緒反應以及行為習慣等個性特質，將人分為九種類型，這九種類型分別是完美型人格(The Perfectionist)、奉獻型人格(The Helper)、實踐型人格(The Achiever)、浪漫型人格(The Individualist)、觀察型人格(The Investigator)、懷疑型人格(The Loyalist)、享樂型人格(The Enthusiast)、領導型人格(The Challenger)、協調型人格(The Peacemaker)。

　　「九型人格」在英語中被稱為 Enneagram，據傳其前身是兩千多年前印度西部與阿富汗交界地帶發源的人性學，後來由蘇菲教派(Sufism)傳承下來。最初是教派中的大師藉此來分析弟子的性格，然後指引弟子的靈修之路，幫助他們提升自己的人格。隨後九型人格學流傳到歐美等地，被美國心理學家海倫·帕瑪(Helen Palmer)借用，發展為研究人類行為及其心理的專業課題。史丹佛大學更是將九型人格學說作為自己學校的教材，使其成為熱門叫座的心理學課程。

　　現今，九型人格得到了廣泛的應用，實踐在個人成長、職業選擇、人際關係、夫妻相處、教育子女、業務技巧等眾多領域。此外，世界 500

Part1　發現自己的人格

大企業中的通用汽車公司、可口可樂、惠普等企業也早已把九型人格學運用到企業的管理當中。

人格被分為九型，每個人都必然屬於其中一型，而一個人自身所歸屬的那一型就是其最基本的人格常態。人的基本人格常態一旦形成是不會發生變化的，就算隨著時間的推移、環境的改變，影響人格當中的某些因素發生了變化，這也只會使基本人格形態當中某些被隱藏或者掩蓋的特質突顯出來，而不會發生真正的改變。這其實就是人「本性難移」一說的由來，也說明每個人都是與眾不同的，都在普遍類型的框架下有著自身的特殊性。

根據九型人格理論去研究人格的類型，可以使得人們在生活和工作當中做到「知己知彼」，進而做到「對症下藥」，讓自己的工作和生活「事半功倍」。現代九型人格學的始祖海倫・帕瑪將人們研究這門學說的意義歸結為三個方面：

首先，九型人格學可以幫助我們更好地了解自己的性格特徵，讓我們更加了解自己，使得自己的生活更輕鬆；其次，研究九型人格學可以讓我們對自己身邊的同事、戀人、家人和朋友有更多了解，使得自己擁有一個良好的人際關係；最後，研究九型人格學可以讓我們發掘不同性格所擁有的潛能，使得自身得到更好的發展，這些潛能包括調節自身心理、感受他人以及先知先覺的觀察能力等。

根據這九型人格的不同特點，又可以將這九型人格分為基本類型和基本類型的變異類型。九型人格的基本類型是實踐型人格、懷疑型人格、協調型人格。觀察型人格和享樂型人格是思維的變異，奉獻型人格和浪漫型人格是情感的變異，完美型人格和領導型人格屬於本能的變異。

九型人格的名稱在某種程度上就表明了這種人格所具有的特徵，其

具體特徵如下：

一、完美型人格，又有改革者、道德至上者、公正審判官等眾多別名。這類人通常都是理想主義者，待人待己都非常嚴苛，對自我和他人有著很高的要求，希望自己能不斷得到進步和提升。

除此之外，這類人還有極強的原則性、不易妥協。然而，這類人的感情防線通常非常薄弱。這類人格的形成與其小時候曾經遭受嚴厲的斥責或者懲罰有關，為了逃避麻煩，他們強迫自己往好的方向努力。另外，父母的責備容易進入這種人格特質的孩子內心，透過內心的譴責來控制自身的行為，導致自己長大後變得非常嚴苛。

二、奉獻型人格，又叫做幫助者、古道熱腸者。這類人通常感性熱情，內心敏感，慷慨大方，討人喜歡，對他人的感受和需求非常在意。然而，有些時候，他們在渴望別人的愛或者良好關係時甘願遷就他人，常忽略自己，是一個天生的樂觀主義者，但是容易變得驕傲自大。這類人格在孩童時期就非常討人喜歡，因為他們懂得如何讓他人高興，他們能較快地發現自己身上吸引他人的地方，還能針對不同的成年人做出不同的表演。

三、實踐型人格，又被稱為成就者、管理者人格。這類人通常表現得很有自信、樂觀，做事情只看成果，認為別人對自己的關注程度完全取決於自己是否取得了出色的成績。這類人具有高度的目標導向性，自身也非常務實能幹，在現實生活中是典型的工作狂。但是，有些時候這類人會為了成功選擇捷徑，容易染上自戀和虛偽的毛病。這類人受到誇獎往往是因為他們的所作所為和他們取得的成就，而不是他們自己，因此他們學會了自我推銷，懂得如何把自己塑造成工作所需要的理想角色。

四、浪漫型人格，又被稱為個人主義者和藝術家。這類人的內心往往是單純而又敏感的，他們喜歡標新立異，卻又害怕別人不懂自己，進

Part1　發現自己的人格

而變得多愁善感，他們的缺點是容易嫉妒和悲觀。這類人可能是童年時期被關注的程度不夠，甚至遭到了「拋棄」，而「拋棄」他們的人總是他們認為最重要的人。另一種原因就是這類人生活在一個憂鬱的環境中，他們童年時期產生的缺失感，正是他們成年後憂鬱情緒的來源。

五、觀察型人格，別名理論家、知識分子、思想家。這類人在現實生活中處事非常客觀，喜歡獨立自主，善於分析和綜合，能夠抑制自我的感受和需求。這類人對自己的私人空間保護欲很強，不喜歡社交和吵鬧的環境。除此之外，他們會盡力降低自己的物質需求和情感付出，以此來換取自己想要的安全感。他們的智商通常都很高，但是容易陷入吝嗇、自負、離群的負面人格當中。這類人幼年的生長環境有兩種：一是覺得自己被完全拋棄了，然後學會了與自己的情感分離，減輕痛苦；二是他們不斷受到來自家庭的心理干擾，為了逃避而封閉自己的情感世界。

六、懷疑型人格。這是九型人格當中最為複雜的一種人格。這類人習慣居安思危，在服從權威的同時又抵制權威，性格矛盾衝突。另外，這類人具有深刻的洞察力和敏銳的觀察力，厭惡虛偽，討厭反叛，缺乏自信心和對他人的信任，對危機高度關注。這樣就容易使自己的注意力集中在負面的東西上，然後產生悲觀和懷疑的情緒。這種人的早期成長環境是其幼年生活沒能得到強大力量的保護，生活當中充滿了不值得信任的權威，家長反覆無常的態度也會造成信任感的缺失。

七、享樂型人格。他們在生活中積極樂觀、精力充沛、工作能力強，與此同時還能表現出自己獨特的魅力，有著非常不錯的異性緣。這類人對生活雖然有著自己的計畫，但不一定會去實行，是自由主義和理想主義的忠實擁護者。這類人雖然思維敏捷，能勝任大部分工作，但是容易不負責任，逃避痛苦，貪婪、自戀。這類人在生活中積極貼近那些快樂的元素，最後使得自己成為一個樂天派。

八、領導型人格，又被稱為支配者和保護者。這類人精明強悍，有很強的工作能力，也有天生的勇氣和領導天賦，是高度的現實主義者。另外，這類人個性好強，不喜歡被人控制，脾氣容易爆發，有著很強的攻擊性。這類人在工作中容易主次不分，感情用事。在他們的生活環境中，需要用強硬的外表來進行反擊或者抗爭，或者從小就被家長灌輸了尊重強者的思想。

九、協調型人格，又被稱為談判者、和平主義者。這類人有著較強的環境適應能力，待人真誠謙和，願意聽從別人的建議和安排，不喜歡環境的變化和急性子。但是由於其惰性和追求舒適的性格，容易導致辦事拖拉，在工作中不會計劃，缺乏足夠的上進心。這類人的共同點是沒人注意自己的觀點，即使自己表現得非常突出，也容易被忽略。

Part1　發現自己的人格

測試你是哪一類人格

　　九型人格實際上是人們應對自己和世界關係的九種表達方式，知道了你自己是哪一種人格之後，就能夠讓自己得到更好的發展和增值，然而這需要一個清楚的前提，那就是你能準確地測出自己的人格類型。

　　如果定位失誤，那麼就不能發揮九型人格的作用，甚至還會使局面變得更加糟糕。人類的人格自身就是一個複雜的綜合體，一不小心就會與別的類型產生混淆。除此之外，人們有些時候的情緒心理表現只是暫時性的，如果把暫時的表現當成永久的特徵來對待的話，人格的測試當然就會出現偏差，這就需要我們在測試的時候能夠理解和掌握得更全面，或者藉助與自己比較親近的人的評價加以佐證。

　　九型人格作為一種世界觀和價值觀的表達方式，每種類型都有著鮮明的特徵。因此，從一個人的世界觀和內心的渴望當中，可以初步判斷一個人所屬的人格類型。完美主義者認為，這個世界的意義是追求完美，每個人都要這麼做，其內心最真實的渴望就是「我是正確的」；奉獻主義者認為，只有當我被別人需要的時候，才能證明我存在的價值，其內心的渴望是「我是被需要的」；實踐主義者認為，這個世界只有優秀的、有價值的人才有人愛，其內心的渴望是「我是優秀的」；浪漫主義者認為，只有獨特的人，才會被人愛、被人接受，其內心的渴望是「我是獨特的」；觀察主義者認為，我若沒有知識，我就會被這個世界無情地拋棄，其內心的渴望是「我是全知的」；懷疑主義者認為，這個世界是不確定的、危險的，我要時刻保持警惕，其內心的渴望是「我是可信的」；享樂主義者認為，這個世界是充滿限制的，資源是匱乏的，我如果不能保

持快樂，就不會有人愛我了，其內心的吶喊是「我是 OK 的」；領導主義者認為，世界是被強者主宰的，所以我要做生活中的強者，其內心的吶喊是「我是強大的」；協調主義者認為，世界本來是和諧的，人們一旦有了慾望和需求，這份和諧就會被破壞，其內心的吶喊是「我是和諧的」。

每種人格都有著自己不同的主要重點，人們可以透過觀察自身的一些特性，來進行判斷。但是在判斷的時候，人們對於某種類型的選擇會出現困難和左右為難的局面，這時候就要根據選擇時的內心迫切程度來做最後的抉擇。以下是一套判斷自己人格類型時的參考因素：

完美型人格有著以下一些特點：

01. 你是否肯努力改正自己的缺點？
02. 做事是否需要編排順序？
03. 是否不願在社交上浪費時間？
04. 自己和身邊的人是否總是帶給自己一種「我可以做到更好」的感覺？
05. 即使是很小的錯誤也會讓自己很難釋懷。
06. 神經時刻緊繃著，不會輕鬆地和別人閒聊。
07. 總是習慣用自己的原則來評判他人。
08. 比別人更容易產生憂慮的情緒。
09. 處理事情的時候喜歡坦率和老實。
10. 不願意說謊以及做其他有違原則的事情。

奉獻型人格會有以下諸多心理特徵：

01. 覺得身邊有許多人需要我。
02. 認為奉獻很重要。
03. 想成為對眾人都有幫助的人。
04. 看到別人遭遇困難，就會想伸出援手。
05. 不論個人的喜好，都能照顧身邊的人。

Part1　發現自己的人格

06. 希望每個人在遭遇不順的時候都來找自己尋求安慰。
07. 做事通常都是最後才考慮自己。
08. 覺得經常提供別人幫助，卻得不到對方的感激。
09. 因為沒有得到想要的感謝，就會覺得自己是一個犧牲者。
10. 覺得生活就是需要「愛與被愛」。

實踐型人格會表現出這樣一些特徵：

01. 喜歡有事做。
02. 想要和夥伴一起工作，並和工作夥伴發展深厚的感情。
03. 做事重視效率，討厭浪費時間。
04. 經常感覺自己肯定會成功。
05. 為了達到自己的目標，會制定明確的計畫。
06. 喜歡用進度表、分數來展示自己的成績。
07. 想要給別人留下成功者的印象。
08. 做事有自己的主見，但會隨機應變。
09. 為了獲得自己想要的成果，會選擇與對方妥協。
10. 討厭聽見別人說自己做得不好。

浪漫型人格會表現出以下特徵：

01. 總覺得很多人沒有體會到人生真正的意義與美麗之處。
02. 回憶過去時會有強烈的哀愁。
03. 經常想保持一種狀態，但是並不容易。
04. 心靈會被象徵性的事物所吸引。
05. 覺得自己比別人對事物有著更深刻的認知。
06. 覺得別人很難理解自己。
07. 非常關注周圍環境的氛圍。
08. 會有「人生如戲」的感慨，覺得自己的生活就像在演戲。

09. 感覺自己不是一個平凡人。

10. 面對失去、死亡，經常會陷入沉思。

觀察型人格會有以下一些表現：

01. 不善於表現自我的感情。

02. 習慣蒐集物品，總覺得會用上。

03. 喜歡簡單明瞭的交談，討厭辭不達意的表達。

04. 擅長多角度觀察，綜合各種意見。

05. 討厭被問「現在有什麼感受」。

06. 希望能有自己個人的時間和空間。

07. 不喜歡打頭陣，強出頭。

08. 習慣在參與之前，先觀察一番。

09. 不喜歡和別人單獨在一起。

10. 喜歡思考。

懷疑型人格會表現出以下特徵：

01. 討厭權威。

02. 會因為疑惑而感到痛苦。

03. 希望可以有明確的目標或者一貫的立場。

04. 有很強的警惕心。

05. 做事會認真地思考。

06. 經常問自己是不是做了錯誤的選擇。

07. 會認為別人的批評是一種攻擊。

08. 經常猶豫不決，會很在意親近的人的想法。

09. 認為做事的意願很重要。

10. 朋友覺得自己非常老實，對他人非常體貼。

Part1　發現自己的人格

享樂型人格可能有這些特徵：

01. 喜歡快樂的事情，會讓人覺得童心未泯。
02. 沒有危機意識。
03. 感覺別人都應該像自己一樣開朗。
04. 經常會因為「只要自己幸福就好」，而忽略他人的感受。
05. 看待事物只願看積極的一面。
06. 與人接觸的時候總是抱有善意。
07. 喜歡開朗的談話，討厭陰暗的言論。
08. 在娛樂場所喜歡引起別人的注意。
09. 覺得看待事物應該有更寬闊的視野。
10. 認為不開心的事情應該早早地忘記。

領導型人格有這些特徵：

01. 願意為自己的追求而戰。
02. 在挑戰或者競爭的過程中，能夠利用對方的弱點發動攻擊。
03. 不怕與他人對立，實際上經常與他人發生對立。
04. 喜歡執行權力的感覺。
05. 富有攻擊性，有自己的主張。
06. 習慣以強硬的一面示人。
07. 不願退縮，喜歡進攻。
08. 做事有自己的原則。
09. 會保護處在自己權威之下的人。
10. 不喜歡自我反省。

協調型人格有這樣的特點：

01. 認為人生處處是青山，認為生活應該是和諧的。
02. 喜歡平靜、平穩，不喜爭鬥。
03. 喜歡安逸的生活。
04. 認為自己是一個樂天派。
05. 生活中很少有失眠的現象。
06. 認為人大致上是相同的，只有少許的不同之處。
07. 對於事物通常不會感覺太興奮。
08. 做事習慣等待。
09. 討厭浪費力氣，做事會尋找最省力的方法。
10. 認為人際關係在生活中是最重要的。

Part1　發現自己的人格

Part2　完美型人格：內心只有美好

當完美主義者確定了自認為有價值的目標時，他們會付出常人難以想像的熱情和努力，並積極地投身到既定的目標和計畫當中。在整個過程中，他們會表現出高度的責任感，並堅守自己設定的底線，面對困難和挫折也絕不妥協。

Part2　完美型人格：內心只有美好

完美型人格的發光之處

在生活當中，擁有完美型人格的人做事非常講究原則，是非分明。對於社會現有的道德標準、國家的法律制度、企業的規章制度、學校的校規等，完美主義者都會將其轉化成自己的行為標準，並對照這種標準來要求自己和身邊的人。

因此，他們經常會表現出超乎常人的正義感，在做事的過程中有常人所不具備的耐力和毅力，為的只是遵循自己的原則和標準。因此他們在工作當中會提出很高的要求，任何錯誤都能成為其召回重做的原因。對於做好的計畫和既定的目標，完美主義者一定會努力執行，而這些目標的完美性經常會使其承受超乎常人的壓力。此外，他們還會要求自己做到誠實守信、具有責任感，做出的承諾一定要兌現。

完美主義者還有強烈的自我批判精神，為的是在自我批判和自我反思的過程中，讓自己變得更加完美。

劉樂就是一個完美主義者，他做事最大的特點就是追求完美，當一件事做完之後，如果沒有達到他想要的效果，就會開始進行自我反思。有一次，劉樂做了一份企劃書，在開會的時候已經通過了。但是會議結束之後，他並沒有表現得很興奮，因為他發現用另外一種方法進行表達可能會產生更好的效果，也就是說通過的那份企劃書他並不認為是完美的。

於是，劉樂就把自己心中更加完美的想法轉化成一份新的企劃書，並將這份新的企劃書交給上司。上司看完之後，對劉樂的能力和態度非常認可，並最終採納了修改過的第二套方案。正是由於劉樂是個完美主

義者，在工作中，對完美的追求不斷地促使他做出努力和改變，讓他變得更加「無可挑剔」，最終使得他在激烈的競爭中成功突圍。

古希臘哲學家亞里斯多德（Aristotle）曾經說過：「所有的天才都有完美型的特點。」正是因為對完美的追求，才使得他們更加嚴肅認真地對待設定的目標，進而挖掘自身的潛力，最終使自己達到的成果遠遠超乎常人。

當完美主義者確定了自認為有價值的目標時，他們會付出常人難以想像的熱情和努力，並積極地投身到既定的目標和計畫中。在整個過程中，他們會表現出高度的責任感，並堅守自己設定的底線，面對困難和挫折也絕不妥協。而這些「完美」的特質，正是他們能夠取得非凡成就的決定性因素。

世界著名的雕塑家米開朗基羅（Michelangelo）就是完美型人格的一個卓越代表，米開朗基羅在創作經典雕像大衛像的時候，為了能夠使自己的雕塑更符合人類的身體結構，曾經親自到停屍間裡解剖屍體，仔細研究人體的肌肉和筋腱構造。正是米開朗基羅對事業追求完美的態度，才造就他做出了超乎常人的努力和嘗試，最終令自己的作品流傳百世，在當今社會仍然備受推崇，被視為珍品。

在與完美主義者相處的過程中，我們自身也會因為感受到對方追求完美的態度，促使自己不斷提高對自身的要求。這不僅是與完美主義者相處時的壓力所致，也是因為完美主義者對朋友有著很高的要求和很大的影響力。

王迅是一家電子加工廠的經理，對自身有著嚴格的要求，在工作過程中他會不斷地提醒自己，要做就做到最好。他這種對「完美」的追求也展現在了對員工的要求上，結果讓電子廠的員工們做事有明確的目標，對工作也有極高的熱情。

Part2　完美型人格：內心只有美好

完美主義者經常會表現出一種積極的狀態，對自身的打扮也會非常在意，並注重自我修養。他們在生活中勤勞幹練、具有正義感，人格和思維都非常獨立。另外，他們還有自己的信念，認為這個世界雖然是不完美的，但是可以透過自身努力將其變得更完美。當生活或者工作中出現了失誤時，他們會將一切推翻並從頭來過，盡量彌補之前的錯誤。

劉明畢業之後在家鄉開了一家玩具工廠，主要生產一些動漫卡通人物。生產這類產品最關鍵的地方就是玩具的安全係數。有一次在檢測的過程中，劉明發現玩具中的某項化合物含量超過了自己設定的指標，雖然它並沒有超過國家規定的指標，但劉明還是決定將這批玩具全部銷毀。

當他的朋友得知了這件事情之後，紛紛勸他不要那麼固執，既然沒有超過國家規定的指標，就沒必要銷毀。但是劉明卻並不這麼想，因為在他看來，這項化合物含量的超標明顯與自己的原則和標準產生了衝突，這讓原則性很強的他不能接受。

隨後劉明與自己的客戶聯繫，並取得了諒解，最終推遲了玩具交貨的日期。雖然這次銷毀不合格產品讓劉明損失了當前的利益，但他堅定地遵循了自己做事的原則，並且維護了自己的聲譽，不僅使廠裡的玩具變得更加暢銷，還為自己贏得了長遠的利益和口碑。

完美型人格的不完美

在現實生活中，完美主義者的表現其實並不都是完美的，因為生活當中根本不存在真正意義上的完美，每個人身上都存在或多或少的缺陷。當完美主義者處於健康狀態的時候，可以稱其為「睿智的現實主義者」，理性和原則會完美地展現在他們身上；當完美主義者處於中間狀態的時候，他們是「理想主義的改革者」，講究秩序，喜歡評判他人；當完美主義者處於不健康的狀態時，就會變成「狹隘的憤世嫉俗者」，甚至還會成為具有強迫症的偽君子。由此可見，完美主義者並不是時刻都處在一種完美的狀態之中，他們也會表現出自身的某些缺點。

完美主義者在現實生活中經常會表現出較強的控制慾，會在工作的過程中經常干涉他人，並唐突地打斷別人的工作流程，然後指出對方犯下的錯誤，告訴他人應該怎樣改正。

他們之所以會這麼做，是因為這些意見來自於自身的一種完美理想信念，而且這種信念是極其穩固的，它就像指南針一樣，指出不認可對方的問題。所以，他們的生活會變成不斷地在尋找他人身上的「錯誤」，即使有些問題根本就不是他們所謂的「錯誤」。

因此，現實生活中的完美主義者很難做到對別人的認同。因為他們不僅會用特別挑剔的眼光看待自己，還會用同樣的眼光、甚至更加挑剔的眼光來看待身邊的人，這樣就會使他們的社交圈變得比較狹窄。

完美主義者非常害怕別人的一些行為可能會打破自己費盡力氣建構的秩序和平衡，因此他們會變得越來越挑剔，想要把身邊所有的事情都納入自己的標準和軌道之中。這也使得完美主義者在生活和工作中會對

Part2　完美型人格：內心只有美好

別人的能力產生不信任感，事事都要自己處理才會覺得放心，但事必躬親則又會造成精力的浪費。

不僅如此，完美主義者在做事的時候，還會對細小的事情提出嚴格的要求，長時間下來，就會造成工作流程的延誤，導致事情的發展偏離自己預想的軌道。當結果沒有達到預定的標準時，完美主義者就會開始變得急躁。為了避免別人對自己的責難，完美主義者會先譴責自己，使得完美主義者經常面對超乎常人的壓力，這也是完美主義者比較容易發脾氣的一個重要原因。

唐風在工作中對於每一件事都力求完美，覺得只有這樣才能展現出自己的能力，才能得到別人的認可。於是，對所有的工作任務他都盡全力去完成，從不假他人之手，甚至要反覆確認好幾遍才會去做下一件事情。這樣反反覆覆檢查已經超出了謹慎的範圍，漸漸地進入了偏執的失誤。

久而久之，唐風的內心陷入憤世嫉俗的漩渦之中，總覺得別人沒有付出多少精力，就可以獲得成功，而自己付出了那麼多，卻沒有得到相應的認可和關注。於是，唐風陷入極度的糾結和不滿中，脾氣也變得非常暴躁，怒火很容易被點燃。

完美主義者會比平常人更加固執，在他們心中通常只認定自己的方法是正確的，很難容忍別人的不同意見，還會把注意力都放在別人的錯誤上，當別人出現問題的時候就會不斷地加以指責。

除此之外，他們對社會關係還會存在一定的不適應，憤怒和不滿是其經常表現出來的情緒。事事追求完美的態度會讓他們碰許多釘子，這些不如意和失望則會讓他們的生活變得比他人更加沉重，最終使得自己產生負面的心態。

完美主義者在做事的時候經常陷入猶豫不決的境地，內心會非常害

怕做出錯誤的判斷，把一些原本簡單的事情複雜化，從而造成行為上的拖延。

由於內心的壓抑，完美主義者通常會有兩個截然相反的自己並存，很有可能會變成生活中的「雙面人」，在不同的時間、不同的場合下，容易走向性格的對立面，例如，一個人可能既是一個名聲非常顯赫的公眾人物，當沒有人關注他的時候又可能變成一個讓人厭惡的小偷。而偷竊僅僅是為了尋找刺激和釋放壓力。

完美主義者還非常容易發展成強迫症。因為他們在做事的過程中總是追求完美，而對自己又要求得過於嚴苛，使得自己的目標經常難以實現。過度追求完美會讓人形成一種畸形的強迫心理，流露出焦急、煩躁等負面情緒。

具有完美主義傾向的人總是希望自己能夠做到盡善盡美，因此他們對於再細小的失誤和過錯都難以容忍。這種心態長時間發展下去就會產生強迫傾向，不但強迫自己，甚至強迫別人變得和自己一樣，或者必須服從自己的標準。

王明在生活中是一個徹頭徹尾的完美主義者，對任何事情都有嚴格的標準和要求，並要求身邊的人必須遵守自己的標準。比如，王明習慣做任何事情都要檢查三遍，就會要求身邊的同事對自己的工作成果也要做到再三檢查。

但是在很多時候，王明做完工作之後，其實已經圓滿地完成了，可他還是會用挑剔的眼光再次審視自己的工作，如果找不到可以改正的地方，就會覺得非常不舒服。這樣不僅浪費了時間，還讓自己的心情變得很糟糕，但是王明卻從不覺得這樣做有什麼不好的。

王明在自己的工作上找不出問題的時候，就會把注意力轉移到別人身上，挑剔和審視別人的工作成果，久而久之，這讓他非常不受同事的歡迎。

Part2　完美型人格：內心只有美好

完美型人格在社交中的表現

　　完美主義者在現實生活中會有這樣的表現：非常不擅長表達自己的情感，有本能的衝動，內心的情緒經常不受控制，在情緒爆發之後還意識不到這種做法造成的糟糕後果。

　　因此，完美主義者經常會因為糟糕的脾氣，使自己的人際關係變得緊張。除此之外，由於完美主義者對生活中的每件事情都有非常高的標準，並追求完美，因此很少有人能夠滿足他們的要求。

　　所以在正常情況下，從他們的口中很難聽到認可和讚美的話，更多的時候都是批評和指責。這些人格特徵讓完美主義者在社交的過程中很難結交更多的朋友。

　　王林在生活中對所有事情都有很高的要求，所以他希望交到的朋友也能和自己一樣。但是由於他對完美過度地追求，總覺得自己比別人更加優秀，因此總有一種「高高在上」的優越感，而這種優越感的存在使他的眼光變得非常挑剔，覺得身邊很少有人能和自己並駕齊驅，因此他總是「看不上」那些人，覺得和他們沒有相處的必要。

　　就算身邊出現了幾個他覺得不錯的朋友，但是在相處的過程中，他也經常會用自己的標準去要求對方、評判對方，使對方很難得到認同，久而久之他們就會疏遠王林。由於朋友少，使王林時常產生「高處不勝寒」的感慨，覺得這或許就是「完美」的代價，卻不去思考自身存在的問題。

　　完美主義者如果處於一種健康的狀態，在社交的過程中其實還是非常受歡迎的。因為他們會表現出很強的上進心，對自我的評價和認知也

會比較客觀，可以做到以一個旁觀者的立場來評價自身的行為、態度、感受。因為他們擁有相當不錯的判斷力，所以能夠在生活和工作中清楚地分辨事情的主次關係，也能明確指出身邊人所犯的某些錯誤。

他們內心深處是不希望出現任何錯誤的，一旦意識到了自己的錯誤，也可以馬上承認並進行改正。因此，在和健康狀態下的完美主義者相處時，整個過程都會非常簡單和舒服，只要遵循一定的原則和標準就可以了，出現錯誤也能夠輕鬆解決。

小張是一個剛畢業的大學生，遇到了一個具有完美主義人格的上司，因此他基本上每天都是在被「挑錯」中度過的。但是小張並不討厭自己的上司，反而覺得他是一個非常有原則的人。因為上司無論做什麼事都有嚴謹的計畫和嚴格的評判標準，在完成一件事情的過程中，無論出現什麼樣的困難，他都會想辦法加以解決。

而這些工作上的優秀特質正是初入職場的小張需要學習和適應的，上司的嚴格要求不但沒有讓小張選擇跳槽，反而讓他更加謙虛地學習和受教。實習期結束之後，小張憑著出色的「抗壓」能力和適應能力順利地轉正。在實習期間受到的批評和指正也讓小張在自己的職場生涯中能夠走得更順利和長遠。

然而，健康狀態下的完美主義者在現實生活中是很難遇到的。大部分完美主義者都會因為對自己的要求過高，使自身陷入諸多不如意當中，進而產生沮喪、失望等情緒，這顯然已經成為一種常態。

這些負面的情緒與渴望完美之間的差距和矛盾會使完美主義者陷入巨大的壓力和不安之中，經常對自己的行為感到深深的自責。這會導致人際關係受到負面的影響，畢竟沒有人願意自己身邊有一個天天自責、抱怨、挑自己毛病錯誤的人。

此外，即使完美主義者在生活和工作中沒有遇到很大的障礙，也會

Part2　完美型人格：內心只有美好

讓自己糾結於一些細枝末節的事件和錯誤中耿耿於懷，讓自己的精神無法適當的放鬆。在這種緊張、嚴肅的狀態下，會使他人在與完美主義者相處的過程中感到不自在，最後只能選擇遠離完美主義者。

王澤在別人眼中已經算是一個比較成功的人了，但是他在和別人交流的時候，還是會經常表露出對現有成績的不滿，在自責的同時總是會進行一番說教式的談話，他的這些行為會讓其他人感受到非常大的壓力。一次不滿的表達會讓對方覺得他是因為最近壓力太大需要發洩，但是次數多了就會讓對方覺得虛偽，進而導致其他人選擇遠離他。

有一次在王澤的說教談話中，對方實在是忍不住了，就打斷他，說道：「你的成就已經遠遠超過了我，為什麼還在不斷地表達自己的不滿呢？如果你都沒有辦法過了，那麼我要怎麼生活呢？你在自責的時候為什麼還要帶上我呢？你覺得你的生活不完美，但是我卻非常享受我現在的生活啊！」

王澤聽完對方的話後，依然自責地說道：「我現在雖然取得了一定的成就，但是生活中依然有許多不如意的地方需要去改善。」對方聽完了王澤的話之後，沒有再說任何話，因為他知道無論自己說什麼，王澤都有自己的一套理論來對應。這次談話結束之後，他決定要和王澤保持一定的距離，不願再被王澤打擾自己原本就不多的好心情。

完美型人格在職場中的不同表現

完美主義者在工作中屬於「死腦筋」的類型，只要是自己認定的事情，不管遇到什麼樣的困難都會堅持到底。完美主義者喜歡在工作中堅持自己的原則，腳踏實地去完成自己的計畫和目標，並且在此過程中會非常注重與道德有關的表現，諸如紀律、禮貌、形象、素養等等。完美主義者在工作過程中感到快樂，是因為自己出色地完成了任務，關注點也只是工作本身，而不是工作中存在的一系列人際關係。

完美主義者會覺得自己的付出就應該得到回報，但是在整個過程中他們不會主動表達自己內心的渴望，如果沒有得到認可，就會把不滿發洩到其他事情上。

完美主義者如果在工作中處於領導地位的話，最明顯的兩個表現就是特質和控制。完美主義者的領導能力表現通常是從制定一個完美的計畫開始，然後透過確立各部門的職責去執行。由於他們是在工作中獲得滿足感的，因此他們能夠在辦公室裡連續工作很長時間，為的就是制定出一個自己認為完美的計畫。

在這個過程中，讓完美主義者感到最痛苦的是修改方案，因為方案一旦制定出來，對於他們來說就成為需要遵守的一個原則和標準，完美主義者希望按照原定計畫執行，不願意進行新的嘗試。他們會認為，自己深思熟慮的方案要遠遠優於新想出來的計畫，外人很難說服他們做出改變。

因此，完美主義者在制定計畫或者建構規則的時候會顯得得心應手，但是要其處理一些新的複雜情況時，就會讓他們感到手忙腳亂。除此之外，完美主義人格的領導者還非常重視下屬的工作能力，因此員工

Part2　完美型人格：內心只有美好

的升遷機率非常大,而且也比較簡單,那就是有能力者勝出,並不需要靠其他表現或手段來討上司的歡心。

K是一個典型的具有完美主義人格的領導者,他會為自己的員工制定一系列需要遵守的規章制度,所有員工的升遷都會遵循一套標準。這就讓原本複雜的辦公室關係變得簡單很多,使得大家的注意力都放在工作上面,公司的效益自然也就得到了相應的提升。

但是K的思維有些保守,對於有風險的計畫,他通常都會選擇放棄。因為在他心中,風險就是危險,危險就會帶來失誤,失誤就會為自己帶來損失,從而會破壞自己原本完美的形象。

所以在工作中,K如果對一件事情存有疑慮,就會選擇靜觀事態的發展,並不會因為利益的誘惑而讓自己去冒險。這種心理雖然讓K保持了一定的理智和嚴謹,但為此也失去了許多寶貴的機會,畢竟利益和風險在一定程度上是共存的。由於K對完美的追求,使公司效益一直處在中等的水準,而這種現狀又會讓K經常對自己感到不滿,致使他有些時候會表現得比平常偏激一點,但是他很快就會收回想要嘗試的觸角。

如果完美主義者是一個普通員工的話,他們在找工作的時候,會把擁有良好形象和口碑的機構作為首要選擇,因為他們不僅注重自己的形象,也會對企業的形象有要求。

完美主義者在工作中經常產生一種懷才不遇的感慨,因為他們總是希望別人能夠發現自己的各種優點,而不會主動地表現。另外,完美主義者還喜歡在明確的框架和規則下工作,他們會積極地去適應規則,讓自己的所有行為都符合某種既定的標準和要求。完美主義者在開始工作之前,都會制定好工作計畫,他們十分討厭在工作的過程中遇到一些波動和變化。

擁有完美型人格的員工在工作中會害怕承擔責任,總是擔心自己沒有做好而受到別人的指責,但是在工作的過程中又喜歡和別人爭執,以

此來證明自己的選擇是對的，就算是自己出現了一些問題，也會找其他藉口來為自己開脫。

除此之外，完美主義者在工作中非常喜歡和別人比較，別人的行為有些時候會成為他們的標竿。如果別人做了，他們就跟著做；如果別人不做，他們也不會採取行動。他人的行為在完美型人格的員工心中也有自己的判斷和考量，如果對方做的事情是自己認為正確的，完美主義者就會選擇出手相助；如果對方的行為不符合自己的標準，完美主義者就會置之不理，袖手旁觀。

所以完美型人格員工的工作熱情受周圍環境的影響十分明顯。如果工作團隊中存在自私自利的人，完美主義者就會表現得非常消極，因為他們不希望自己的努力成果被自私的人分享；如果整個團隊的實力都普遍偏弱，完美型人格的員工也不會充分發揮自己的全部實力，會表現出和大家一樣的程度。

與之相反，如果團隊中的人都是訓練有素、態度積極的，那麼他們也會努力工作。當棋逢對手的時候，他們就會發揮出自己最大的潛能。

M畢業之後來到一家傳媒公司工作，因為他天生不愛展現自己的能力，屬於那種比較害怕承擔責任的人，因此大家也就不會特別關注他。這種處境起初讓M覺得非常不舒服，因為他總是覺得沒人能夠慧眼識英雄，沒人看到自己的獨特之處。

但是當M工作了一段時間之後，他發現周圍的每個人都有著十足的幹勁。當大家都在賣力地表現自己的時候，M感覺到了一絲威脅。隨後M開始調整自己的心態，不再透過擺爛來發洩自己的不滿，而是積極地投入到工作中，最後透過自己的努力贏得了別人的尊重和認可，也找到了自身想要的安全感和關注度。於是在接下來的工作中，M開始專注自己的任務，透過任務的完成度來獲得滿足感。

Part2　完美型人格：內心只有美好

與完美型人格的相處之道

其實，在生活中，每個人身上都或多或少會有完美型人格的影子，誰都不能完全避免與完美主義者相處，這就需要我們了解完美主義者的人格特點，然後與其更和睦地相處。他們的性格特點是：認真、公平、客觀、誠實、理想主義、好爭論、喜歡評判他人等等。如果能夠積極而正確地看待這些人格特質，與他們相處起來就會更加融洽。

由於完美主義者對完美有著超乎常人的追求，他們對身邊的人也會有很高的要求。他們的要求和標準在某些時候甚至可以稱為苛刻，但是如果我們能把他們這種苛刻要求理解為想要提醒我們身上存在的某些缺陷和錯誤，讓我們了解更好、更真實的自己的一種方法，那麼我們心中的憤懣和不滿可能就會減少很多。畢竟「良藥苦口利於病，忠言逆耳利於行」，關鍵還是要學會接受完美主義者這種直接、不隱晦的表達方式。

其實，一個完美主義者內心深處的終極需求就是能夠得到他人的愛和認可。而在完美主義者的心中，得到對方的認可和自己一系列良好的表現是密切相關的，因為在他們心中會覺得只有自己做對了事情，才能贏得對方的理解和認可。完美主義者雖然一直在追求完美，但是他們卻能清楚地感覺到在追求的過程中自己的表現是不完美的，所以自己才無法得到他人的認可。

這種心理上的矛盾和追求完美的情結就會造成他們把對自己的要求轉移到別人身上。如果在相處的過程中，你能表現出對完美主義者的理解和讚賞，體會到他們其實並沒有什麼惡意，就能很容易獲得對方的好感，維持穩定的朋友關係。

完美主義者總是習慣性地自我反思，尋找自身存在的某些問題，然

後加以改正,進而達到自己想要的完美效果。所以完美主義者在生活和工作中,會更加欣賞那些主動承認錯誤的人。

如果是他們自身犯了某些錯誤,就會陷入深深的自責當中,在這種情況下,和完美主義者相處就需要注意自己說話的態度,切忌以批評的方式和其談話,因為這會讓他們覺得痛苦不堪。如果在相處的過程中出現了分歧,完美主義者通常都會和對方開始一番辯論,希望可以把對方的想法納入自己的軌道。

這時候我們如果想要說服完美主義者,就需要直接了當地表達自己的想法,在表達的過程中嚴謹的邏輯比感性、間接的表達更能贏得完美主義者的歡迎和尊重。因為完美主義者的內心是非常敏感的,而其對於原則性的堅持和遵循也會讓他們對拐彎抹角的說辭表現得不屑一顧。

完美主義者還會對一個人的禮節和人品提出非常高的要求,因此在和他們打交道時,一定要注意自己的儀態和言談舉止,這樣才能避免不必要的摩擦和誤會,使雙方的關係變得更加和諧。

除此之外,和完美主義者相處,一定要誠實和守時,因為這兩項都會影響他們對相處對象的判斷。他們心中會認定約定的時間就是大家要遵守的一種標準,如果對方違背了這種標準,那麼雙方也就沒有來往的必要了。

完美主義者在相處的過程中還有一個顯著的特徵,那就是他們總是無法及時察覺自己的怒火,即使已經透過肢體動作或者語言表現出來了,但他們本身還是意識不到。所以在和完美主義者進行溝通的時候,我們如果感受到對方的肢體動作開始變得僵硬,那麼就意味著對方憤怒的情緒正在滋長,這時候我們就需要平息對方的怒氣。首先要承認自己的錯誤,然後認可對方的說法,讓對方感到安心,忘記剛剛產生的不滿和憤怒。

Part2　完美型人格：內心只有美好

　　K是一個完美主義者，他在社交的過程中經常會向同伴表達自己的憤怒和不滿。這種行為讓別人覺得他的脾氣太大了，很難相處，於是都自動和他保持一定的距離，儘管K在工作中表現得非常優秀。

　　但是J卻不這樣認為，而是堅持和K保持很好的關係。當大家都表示不解的時候，J說道：「首先，K的內心其實是非常簡單的，他的憤怒和不滿只是因為他覺得自己受到了不公平的待遇，而這種不公平的根源卻不是我，所以我不怕引火燒身。其次，K的這種表達就是一種發洩，他只是想要得到朋友的理解和認可而已，這是朋友都應該做到的。最後，K的內心不僅非常簡單，而且很有原則，那就是只要你得到了我的認可，你就是我的朋友，有什麼問題都可以幫你解決。」

　　同事們聽完J的這番話之後，改變了對K的看法，也從他身上看到了自己的影子，慢慢地，大家都不再排斥K了。

完美型人格的自我調適

　　大家知道任何事都是一體兩面的，完美主義者對完美的追求不但可以成為自己不斷成長的強大動力，也有可能成為自己成功路上的一塊絆腳石。因為不完美才是生活的一種常態，當完美主義者在成長的路上不斷追求完美，並用完美來要求自己和身邊人的時候，現實和理想之間的差距就會讓完美主義者陷入不完美帶來的困惑當中，難以自拔。

　　完美主義者心中總是住著一個嚴厲的評論家，對身邊的每一個細節都有嚴格的要求，有時候甚至會為一件微不足道的小事而耗上大半天的工夫。人生不如意事，十有八九。完美只是一種理想，而不可能是一種存在。這就需要完美主義者能夠正確看待生活的不完美，並能夠對自己稍微寬容一點，有些時候，所謂的「錯誤」不過是人與人之間看待問題的角度和處理問題的方式存在差異而已。不懂得事物之間的差異性和多樣性，而是堅持用一種原則和標準去要求自己和他人，更多的時候帶來的只是無謂的煩惱。

　　所以在某些時候，完美主義者可以一定幅度的修改內心的嚴格標準，必要時甚至可以掃出對規則的質疑，而不是一味地服從現有的規則。除此之外，完美主義者還要學會適當放鬆，要懂得別人的認可和愛並不只是在事業獲得成就的時候才會出現，對別人的認可和讚賞也會讓自己得到相應的回饋。花費全部精力去追求所謂的完美，只會讓自己沒有時間去思考自己真正的需求，而在工作中一直表現得非常嚴肅，只會讓別人敬而遠之，這樣不僅使自己失去與他人社交的機會，而且還會陷入「別人都不喜歡我、不認可我」的糾結中。

Part2　完美型人格：內心只有美好

今天是 L 的生日，同事準備下班之後和 L 好好地去放鬆一下。但是就在快要下班的時候，L 卻發現自己的檔案中存在一個小錯誤，而他內心一直有個聲音在提醒他：「現在把這個問題解決掉，今天的表現才能算是完美。」

於是，L 決定先解決問題再去放鬆，同事們說服不了他，只好各自回家。當 L 處理完這個細節問題之後，內心其實並不高興，反而為自己放了同事們的「鴿子」而耿耿於懷。其實 L 大可不必如此逼迫自己，適當地放鬆一下並不會影響整個工作的進展。L 完全可以選擇今天先和同事們一起去放鬆，明天上班的時候提早到，就可以把那個小錯誤解決了。

完美主義者有著較強的自我意識，自身的憤怒情緒、對自己和他人的評判，這些都來自於他們未被滿足的個人需求。這種不滿足不僅是因為完美主義者對自己有著很高的要求，致使自己不能達到預想的結果，還源自完美主義者對他人的認可度非常低。

你不認可對方，自然也就很難得到對方的認可。這就會讓完美主義者覺得自己的付出得不到別人的肯定或者達不到預期的結果，憤怒的情緒自然就會隨之而來。為了發洩自己的不滿，完美主義者就開始在別人身上尋找錯誤，透過批評別人來掩蓋自己的問題，導致自己對別人的抱怨越來越多，最終身邊的朋友越來越少。

所以完美主義者在今後的生活中要學會寬容待己，寬容待人，更要學會勇敢地承認自身的錯誤和不完美，適當地表達對他人的認可和讚賞。這樣就更容易獲得別人的理解和認可，也可以讓自己在生活中減少抱怨等負面情緒。

H 在生活中會習慣性地對他人評頭論足，感覺別人身上總是存在這樣或者那樣的毛病，自己說出來就可以讓對方加以改正。但是他的這種做法經常得不到別人的認可，有人甚至還會覺得他就是閒著沒事幹，故

意在雞蛋裡挑骨頭。H 的行為導致周圍的人對他總是避而遠之。

H 非常不解，為什麼會出現這種現象？後來有一次，他遇到了一個對自己指手畫腳的人，頓時明白了無緣無故被別人批評時的委屈感。從此以後，H 開始有意識地改正自己「好為人師」的不良習慣，接人待物時也特別注意自己的說話方式，很快就改變了自己的形象。

完美主義者在追求完美的時候，會對自己打算做的事情進行充分的準備，期望自己的準備工作可以獲得一個更好的結果。但是有些時候過多的準備會讓完美主義者變得猶豫不決，因為他們非常害怕自己負責的事情出現失誤，從而承擔相應的責任。

除此之外，他們的生活也會非常單調乏味，所有注意力都放到工作以及生活中需要改進的地方，每天都處於一種神經緊繃的狀態之中，鮮有放鬆的時候。完美主義者對於生活和工作的要求都很高，甚至會發展成一種偏執的狀態，出現一個錯誤就要求全部重新來過，很難做出妥協。

其實我們要清楚自己的能力，要勇敢地承擔責任，學會正確地對待生活和工作中出現的某些錯誤，沒有必要稍微出錯就全盤否定。我們對自己所有的努力付出都應該加以珍惜。

G 在工作中是一個有點接近偏執的人，對於任何細節都嚴格對待，絕不允許在自己的視線範圍之內出現錯誤。這種嚴苛的態度雖然讓工作品質得到了保證，但是人際關係卻變得非常緊張，所有人提起他的名字，就想要和他保持距離。因為 G 可以把一個很小的錯誤說得比任何事情都嚴重，如果工作中出現了問題，他還會把責任推到別人身上，導致他在工作中常常孤軍奮戰。

後來上司找 G 談話，並對他說：「每一個人都不是完美的，在與他人相處的過程中應該學會理解和原諒別人。除此之外，還要使自己的生

Part2　完美型人格：內心只有美好

活變得豐富多彩，不要讓自己鬱積的情緒無法發洩，殃及無辜的人。最重要的是你想要得到怎樣的認可，就要相應地去認可別人，生活和工作不可能做到盡善盡美，但是讚賞和鼓勵卻可以讓人際關係變得更加協調。」

　　G聽完上司的這番話之後，思考了很久，在此後的工作中不再固執地讓別人遵守自己的「完美」標準，慢慢地，G和同事們的關係也緩和了很多。

完美型人格與其他人格的碰撞

現實生活中，不同的人有不同的人格特質和行為表現，這使得人們在相處的過程中經常會出現人格上的碰撞。然而，每個人某些時候都會表現出其他類型的人格特徵，即每個人自身也可能存在不同人格特質的衝突。

這是因為每一種人格都有屬於自己的側翼（Wing），側翼是指與自身屬性相鄰的兩種人格，也就是說完美型人格會向第二種奉獻型人格和第九種協調型人格靠近。當完美型人格傾向奉獻型人格的側翼特質時，他們就會變得比純粹的完美型人格更能表達自己內心的情感。如果完美型人格傾向協調型人格的側翼特質，他們就會變得比較隨性、客觀、溫和，倔強的個人色彩也會相當程度的弱化。

其實，完美型人格與奉獻型人格有相當程度的相似之處，他們具有一些相同的人格特徵。例如，擁有這兩種人格的人對付出都有很強烈的需求，會把自身大量的精力花費在關注別人的進步上面。

除此之外，他們總是認為自己知道對方想要什麼東西，怎麼做會產生別人想要的效果。最重要的是，他們在不同程度上都會壓抑自己內心的渴望和需求，然後得到一種「異樣」的滿足感。但是這兩種人格之間也存在明顯的不同點，完美主義者是根據自己設定的標準去關注別人的需求，把別人納入到自己的體系之中。而奉獻主義者則恰恰相反，他們會根據對方的需求來改變自身的某些標準，使別人感到滿足和快樂，而自己也隨之得到想要的滿足感。這兩種人格之間的不同點也讓雙方的人際關係呈現出明顯的差異；完美主義者因為不遷就而常常獨自一人，而奉

Part2　完美型人格：內心只有美好

獻主義者因為遷就使得自己的滿足和快樂變得與他人密不可分。

完美型人格和協調型人格也有不同和相似之處。擁有這兩種人格的人都非常重視原則性、堅定性、常規性，也都會認可那些努力工作且做出出色成績的人。但是完美主義者是透過強硬的態度，要求別人符合自己的標準。而協調者則是比較積極地去適應別人的立場，從而改變或者放棄自己的立場。

由此可見，完美型人格與側翼的奉獻型人格和協調型人格之間存在相當程度的互補空間，因此它們的碰撞會顯得比較融洽與和諧。

G 在別人眼中屬於個性非常好強的人，M 則屬於那種非常願意遷就他人的老好人，按理說，他們應該屬於兩種不同的類型，但是兩人卻相處得非常融洽，經常讓一些旁觀者跌破眼鏡。例如，G 在生活中習慣設定一些自己的標準，有些時候會讓別人覺得他是強迫症發作了，但是 M 卻從不覺得 G 這樣做有什麼不對。M 認為，每個人都有一套自己的標準，想要和別人相處，就應該自己主動貼近別人的需求，自己的這種遷就和付出是人際關係中不可或缺的一環。而 G 看到了 M 的付出之後，覺得 M 是理解自己的，因此也願意和 M 保持一種良好的朋友關係。

在現實生活中，完美型人格與浪漫型人格經常會發生一些衝突，完美主義者的理想是生活和工作中的行為都是正確的，內心的憂慮也主要是「如何將事情做得更好」。但是浪漫主義者的理想狀態卻總是圍繞著事情的可行性，他們的理論要遠遠超過自己的行動。

除此之外，完美主義者通常會加以克制內心的慾望，壓抑是他們的一種心理常態，而浪漫主義者會有較強的慾望和需求，有些時候甚至會違背既有的公正標準，表現得有點自私自利。浪漫主義者的這些行為，在原則性極強的完美主義者那裡是得不到認可的。

因此，完美主義者和浪漫主義者在相處的過程中並不會一帆風順，

爭吵和碰撞將會非常常見。

完美主義者和享樂主義者都是一種理想主義者，他們對世界都有美好的期盼。享樂主義者在壓力狀態下可以轉化為完美主義者，而完美主義者在安全狀態下會表現出享樂主義者的某些特質。

完美主義者在安全狀態下會卸下自己內心的包袱，積極地享受自己的工作狀態。但是完美主義者所追求的並不是一種純粹的快樂，工作中認真的態度、獲得的成果才是他們的真正追求，因此他們在享受工作的同時，也會表現得非常嚴肅，通常會克制自己內心的其他想法，讓注意力專注在工作上面。

享樂主義者則不同，豁達、樂觀、社交、享受是他們的主要表現，他們追求的就是快樂，為了快樂甚至可以放棄一些原則性的東西，是十足的快樂至上的人。心境上的不同，導致雙方在面對工作時的態度也會不同，因此這兩類人在工作中的碰撞並不是那麼和諧，他們在工作中的表現也會是兩種截然不同的狀態。

完美主義者是典型的工作至上，屬於工作中的「拚命三郎」；享樂主義者更多的時候則表現出一種「得過且過」的心態，享受當下才是他們的追求。

K在工作中有非常強的原則性，認為工作就是工作，在工作的時候就應該把自己所有的精力都放在工作上面，嬉皮笑臉的狀態根本不應該出現在工作場合中。但是J卻不這麼認為，他覺得本來在工作中就是處於一種長期壓抑的狀態，如果可以適當地調節一下氣氛，會讓整個工作過程變得不那麼枯燥，這也會造成提高工作效率的作用。因此兩人在工作中完全是不同的表現，久而久之，雙方的關係就變得非常尷尬，因為他們都覺得對方的表現是在譁眾取寵，是在針對自己。

Part2　完美型人格：內心只有美好

Part3　奉獻型人格：我們都很熱心

奉獻主義者在最佳狀態下會無條件地服務他人，而這種付出是完全無條件的，不涉及任何利益訴求，也不會要求別人對自己做出回報。在這種狀態下，人們關注的是自己內心最真實的感受，在善待自己的同時，不需要擔心這種「奉獻」的行為會造成別人的困擾，導致人際關係的疏遠。

Part3　奉獻型人格：我們都很熱心

奉獻型人格的熱心

　　奉獻型人格在生活中是非常樂於助人的一類人，他們覺得自己的價值只能展現在幫助別人的過程中。其實在生活中，每個人都會因為這樣或者那樣的原因選擇幫助他人，但是正常情況下，人們的幫助也只是盡力而為，不會把幫助他人作為自己幸福、快樂與否的判斷標準。

　　然而奉獻主義者會完完全全地貢獻自己的熱心，這也就造就他們成為處理人際關係的高手。奉獻主義者在最佳狀態下會是完全的利他主義者，他人給予的認同感和讚賞是他們快樂的泉源。

　　在幼年時期，奉獻主義者就知道透過何種方法能夠更容易地討好他人，那就是透過幫助他人獲得老師和家長的肯定。在與他們相處的時候，他們能想你所想，急你所急，你需要他們的時候，他們總是願意第一時間出現在你的身邊，提供你幫助。

　　儘管有些時候，奉獻主義者的這些表現會讓他人感到困惑，但是他們通常能透過自己的真心誠意，讓對方感受到自己的善意，進而讓雙方的關係保持融洽的狀態。他們堅信，自己付出這麼多愛，別人就一定會付出同等的愛來回報自己，因此他們的熱心實際上是在滿足自己內心深處對愛的需求。

　　除此之外，雖然奉獻主義者對自己能滿足他人的需求感到驕傲，但是經常會忽略本身的需求，他們會覺得：「雖然他們都需要我，但是我不需要任何人。」這就導致在他們的熱心之下，隱藏著自身特有的一種偏執。所以，在現實生活中，如果奉獻主義者得知自己的朋友在出現問題的時候沒有向自己求助，那麼他們的內心就會感到受挫，覺得對方這種表現是對自己的一種不信任。

王樂是一個典型的奉獻主義者，在生活中從來都是「朋友有難，拔刀相助」，但是他的這些做法有些時候也會讓朋友感到壓力和不解。因為需要幫助，說明自己在生活的某些方面過得不如意，所以沒有人希望自己總是被幫助。

有一次，王樂發現朋友在生活上出現了一些問題，但是沒有向自己尋求幫助，對此他非常傷心，覺得朋友沒有把自己放在心上，最後導致雙方的關係慢慢變得冷淡。而那位朋友在內心深處是不想失去王樂這個朋友的，因此，他又找了一個藉口找王樂幫忙。聽到對方需要幫助時，王樂也不生氣了，馬上付諸行動去幫助他。對於王樂來說，朋友對自己的需要就是對自己最大的認可。

奉獻主義者透過情感的調節，讓自己和別人保持情感上的同步。在社交過程中感同身受的表現，讓他們明顯感覺到自己變得更受歡迎了。所以，有些時候他們會強迫自己去改變自身的習慣，讓自己變得更加符合他人的需求，從而確定自己受歡迎的程度。

因此，奉獻主義者在社交的過程中會盡可能地伸出自己的援手，表現出自己無私、謙卑等美好的一面，來獲得別人的關注和認可。所以，人們在和其相處的時候經常能感受到他們的熱情洋溢和寬厚仁慈。但是他們的這種表現有些時候會讓人覺得過分親暱，從而讓人感受到的不是熱情，而是一種入侵。

因為在這種情況下，奉獻主義者總是會以幫助他人的名義去干涉他人的各種活動，想要成為別人的依靠。但是這些行為在一定情況下會成為雙方關係破裂的一個緣由。

M在生活和工作中都是一個習慣獨立的人，做任何事情都不願意被別人干涉。最近，M認識了一個朋友N，兩個人在各方面都比較談得來，但是N的一些行為經常會讓M感到自己被冒犯了。例如，當N聽

說 M 最近在忙一件事情，就會打電話來提供自己的建議，但他卻完全沒有考慮過對方是否需要，也沒有想過自己的建議是否會為對方帶來困擾。

如果僅僅是提供建議這一件事情，其實不會讓 M 覺得反感和難做人，讓 M 覺得無奈的是，N 在提供完建議之後，還會說服對方一定要接受自己的想法，否則絕不罷休。如果最後 M 沒有採納 N 的建議，N 就會疏離 M。

奉獻型人格的發展階段

　　每種人格在不同的人身上會有不同程度的表現，也就是說它在不同的環境下和不同的人身上會呈現出不同的發展階段。奉獻主義者在健康階段是不求回報的利他主義者，也是生活中受大家喜歡的關懷者和助人者。

　　奉獻主義者在最佳狀態下會無條件地服務他人，而這種付出是完全無條件的，不涉及任何利益訴求，也不會要求別人回報自己。在這種狀態下，人們關注的是自己內心最真實的感受，在善待自己的同時，不需要擔心這種奉獻的行為會造成別人的困擾，導致人際關係的疏遠。他們對別人的關心和幫助在一種良性的循環狀態中執行著。

　　奉獻主義者在最佳狀態下，不會苛求自己從被幫助者那裡得到愛與關注，他們可以客觀地評價自己幫助他人的心理需求，也能公正地感知和看待別人對自己的回報。對他們來說，這時候的付出更偏向是一種選擇，而不是一種強迫。

　　縱使奉獻主義者的表現不是那麼無私和完全利他，但是在健康狀態下，他們還是非常樂意幫助他人，他們的同情心和惻隱之心要遠遠地超過其他幾種人格。他們的同情心能讓自己感受到他人的需求，然後把別人的需求轉化成自己的一種需求，從而去幫助他人。

　　在這種狀態下的奉獻主義者，能夠站在他人的立場上思考問題，讓自己的行為符合他人內心的需求，進而獲得自身心理上的滿足。他們在社交的過程中會表現得十分慷慨，而這種慷慨更偏向精神層面的一種表現，因為他們在物質上可能並不富裕。他們對他人強烈的關懷之情造就

Part3　奉獻型人格：我們都很熱心

自己投身到一些慈善活動中，靠自己的能力來幫助別人，即使這種幫助會使自己的生活變得緊張。

除此之外，健康狀態下的奉獻主義者還十分樂意分享自己的一些經歷和愛好，把對方籠罩在自己的關愛之下，並把給予他人有價值的東西看成自己快樂的泉源。因此，分享是他們非常受人歡迎和尊敬的美德，而且他們能夠充分地享受生活的樂趣，傾聽別人內心的想法，用自己的幽默和慷慨去幫助對方、鼓勵對方，讓對方發現自身的優點，最後開始振作起來。

健康狀態下的奉獻主義者總是能給予他人需要的賞識、認可、關懷，而這些賞識往往都是最為真摯的。因此，他們和別人總是能保持融洽的人際關係，讓周圍的氛圍變得非常和諧。

K深受大家的喜愛，因為她總是能在朋友需要的時候出現在他們身邊。有一次，K的朋友L參加了一個非常重要的面試，但是沒有通過，再加上那段時間L的家庭經歷了一些變故，L整個人變得非常脆弱。

當K得知了這個消息之後，立刻請了一天假去陪L。在陪伴過程中，K耐心地傾聽L訴說自己的壓抑和不快。她不斷地鼓勵和安撫L，慢慢地L變得開朗起來，自此以後，兩人的關係變得更加友好了。

奉獻主義者在一般狀態下是一個熱情洋溢的朋友，他們會用自己的真誠和善良去對待朋友，會表露出樂於助人和大方的一面。但是，他們的付出不再是無私的，在心理層面，他們開始把原本聚焦在別人身上的注意力轉向了自己。

在這種狀態下，他們的付出是為了確保他人是愛和認可自己的，這時候他們的焦點是自己，不再是他人。因此，他們也開始擔心自己做得不夠好，不能真正贏得別人的認可，逐步把人際關係的親疏程度等同於別人對自己喜愛的程度，把客觀的評判標準排除在外。這時候，奉獻主

義者最重要的困惑──「我若不幫助別人，就沒有人會愛我了；別人不需要我的幫助，也就是不再愛我了」，就會表現得淋漓盡致。

　　奉獻主義者在一般狀態下是有自信的，他們相信自己與他人的分享是有價值的，也能對自己的所作所為提供一個合理的解釋。然而，此時他們的自我意識開始膨脹，儘管他們會竭力壓制自己內心的一些慾望，但是當付出沒有得到對方的回饋時，負面情緒就會爆發。

　　這時候他們付出的愛和讚美不是免費的，而是賄賂他人，讓對方愛自己的一種表現。而在這個過程中，最讓人覺得好笑的是，他們總是過多地把注意力放在別人的生活上，為自己尋找表現的機會，卻不能對自己應負的責任做到盡心盡力。尤其是他們有了家庭之後，對自己家庭的問題和狀況並不是很上心，而是沉醉在擴大自己的社交圈當中，希望能獲得更多的愛與關注。

　　一般狀態下的奉獻主義者會覺得自己做了很多好事，為別人付出了很多，所以希望對方能因此感激自己。如果別人將他們的付出看成是一件正常的事情，而沒有流露出感激之情的話，他們就會覺得自己的付出是不值得的，對方是忘恩負義之徒。在這個階段，他們表面上是在幫助別人，但其內心卻非常注重自身利益和自我滿足感，他們甚至會覺得自己的幫助在別人的生活中是必不可少的，進而在所有的社交場合中大談自己「樂於助人」的美德。其實，這時候幫助他人已經成為他們自我欣賞和自我滿足的一個副產品。

　　J 喜歡在生活中展現自己無私的一面在大家面前，別人對他的讚賞會讓他覺得非常享受。但是 J 經常會感到失落和沮喪，因為他覺得有些時候幫助了別人，可是這些人卻沒有向自己表示感謝。時間久了，J 覺得大家把自己的善行當成了一件理所應當的事情，這種轉變讓 J 覺得非常失望和憤怒。

Part3　奉獻型人格：我們都很熱心

　　於是，J 就開始發展新的人際關係，尋找新的展示對象，從而獲得他想要的「感激之情」。但是，這也導致 J 的身邊沒有什麼非常要好的老朋友。

　　奉獻主義者在不健康的狀態下會發展成為一個自我欺騙的操控者和一個高壓性的支配者，這種轉變通常源自其在生活中受到了巨大打擊。這時候他們會以幫助他人為藉口，然後參與到別人的生活中，透過態度強硬的語言或者行為，讓對方按照自己的意願採取行動，藉此獲得自己想要的回報。但是在這種情況下，他們通常會覺得自己得到的回報不夠，從而使得操控行為轉變成一種占有慾。這樣不僅會失去原有的良好人際關係，還會導致自己難以建立新的人際關係。他們在生活中不會再以「施恩者」的面貌出現，而是成為一個抱怨者，開始向周圍的人講述自己受到的不公平待遇。在這個過程當中，他們並沒有意識到問題出在自己身上，總認為是他人對不起自己，自己付出那麼多，卻得不到相應的回報。

奉獻型人格在社交中的行為表現

在一般情況下，奉獻主義者無論是在時間上，還是在精力或物質上，都能表現出慷慨大方的一面，主動、樂觀、願意幫助他人是他們性格中最為突出的一面。他們的內在慾望就是能夠幫助別人，他們在乎的是自己被別人需要的那種滿足感，因此他們總是願意去幫助別人。

除此之外，奉獻主義者在社交的過程中還非常善於聆聽，聆聽之後會提供一些幫助和建議，因此很多人在遇到困難的時候都願意向他們尋求幫助。所以，他們在社交中能夠建立起比較融洽的人際關係。

奉獻主義者在和別人相處的過程中，總是用自己的熱情和信心，讓原本困難的事情變得容易。對於他們來說，存在的意義相當程度上就是在社交的過程中展現自己的價值。他們會透過關注他人的需求、想法、潛能等，幫助對方展現出優秀的一面，並鼓勵對方勇敢地面對生活中的問題和困難，在使對方信心倍增的同時，獲得對方的感激和回報。

對於奉獻主義者來說，滿足他人的需求、討好他人是自己生長環境中獲得認可的最佳途徑，因此他們會主動地改變自己，讓自己能夠滿足他人的需求。所以在和奉獻主義者相處的時候，要經常對他們的付出表示認可和感激，這樣才可以使雙方的關係處於融洽和諧的氛圍中。

M是一個懂得感恩的人，不管別人對自己的幫助是大是小，他都會表達出感激之情，因此很多人都願意和他打交道。

有一次，同事問他道：「你天天這樣表達自己的感激之情，不怕讓別人覺得你很客氣，從而疏遠你嗎？」M說道：「當然不會了，任何人的付出在得到對方的回應之後，總是能感到神清氣爽。交情就是這樣，在不

Part3　奉獻型人格：我們都很熱心

斷的相處中才能得到滿足和加深。如果對方付出後沒有得到回應的話，幾次之後就會讓對方覺得悵然若失，次數多了就不利於雙方關係的穩定。」M 的同事聽完之後，信服地點了點頭。

　　奉獻主義者在和別人相處的過程中會努力地讓自己融入進去，他們甚至會透過恭維和討好的方式，讓周圍保持一種和諧、快樂的氛圍。在整個社交的過程中，他們的關注點大多數時間都會放在別人身上，而自己則處於「隨時待命」的狀態中，希望能夠隨時滿足別人的需求，但這種做法經常會讓他們筋疲力盡。

　　然而，如果別人能夠及時地表現出對他們的讚美或者認可的話，他們又可以滿血復活。奉獻主義者的這種行為造成他們對自身的關注度不斷降低，甚至會忽略自身的一些需求。這就需要他們在社交的過程中，要適當地關注一下自己，不僅要善於待人，也要善於待己。

　　M 在生活中非常樂於幫助他人，周圍的鄰居、同事基本上都受過他的幫助。幫助他人雖然帶給 M 強烈的滿足感，但是當他一個人的時候，經常會覺得生活過得有點枯燥和疲憊。因為 M 的注意力一直聚焦在別人身上，為了成為別人眼中的「好人」，經常會壓抑自己的想法，最終他失去了自己的愛好和興趣。

　　奉獻主義者在和朋友相處的過程中，在最初的階段會選擇改變自己去獲得對方的認可，他們甚至可以放棄自己的一些業餘愛好，讓自己成為對方想要的那種人；也會為了討好對方，讓自己的生活併入到對方的生活軌道中。

　　在這個過程中，奉獻主義者不可避免地會產生不同程度的失落感，有些時候，甚至會覺得失去了自己。因此到了後期，他們就會產生一種強烈的渴望，想要從對方的生活中脫離出來。

　　這就提醒我們，與奉獻主義者相處要時不時地表現出對他們的欣賞

和認同，避免他們為自己做出太大的改變，不要讓他們成為別人眼中期待的模樣，從而避免在相處的後期出現障礙和問題。

奉獻主義者在付出或者改變的時候，總是習慣性地替對方做決定，而不考慮對方是否需要幫助。所以，他們心中的失落感有相當一部分源自自己的「自作聰明」。

曾經看到過這樣一則笑話，在公車上一位老奶奶一直站著，卻沒有人讓座給她，一個人看到後就把座位讓給了老奶奶。老奶奶坐下之後，他內心非常高興，覺得自己幫助了別人，便站在座位旁邊看著窗外的風景。過了幾站之後，老奶奶站了起來，他以為老奶奶想讓他坐下休息一下，就連忙把老奶奶壓回座位上，對她說道：「您坐吧！我不累。」過了一站，老奶奶又站了起來，這個人又要把老奶奶壓回座位上，這時候老奶奶無奈地說道：「我要下車了，都已經坐過頭一站了。」這個笑話也提醒我們，在和奉獻主義者相處的時候，不要被對方的熱情「綁架」了，要善於表達自己的想法，不要因為不好意思拒絕，而讓雙方的關係變得尷尬。

Part3　奉獻型人格：我們都很熱心

奉獻型人格在職場中的表現

　　在工作當中，奉獻主義者會非常希望自己的表現能夠得到上司的認可和讚賞，這是他們安全感的主要來源，否定對於他們來說是致命的打擊。工作成果對於他們來說並不是最重要的，得到上司的認可才是他們工作的第一要務和主旨。

　　他們能夠在複雜多變的辦公室環境中順利地生存下來，就是因為他們懂得怎樣與同事和上司保持良好的人際關係。奉獻主義者適合的工作環境是需要經常社交、具有公益性質的團隊以及能夠接近權威的工作場合等等。

　　奉獻主義者如果在工作中處於管理階層的話，他們就會成為非常可靠的領導者，這與他們喜歡被人依賴，善於展示自己慷慨的心理是完全契合的。因此，奉獻型的領導者非常善於建立與下屬之間的人際關係，能夠在自己的期望之下建構一個生機勃勃的工作環境，提高員工的工作效率。

　　除此之外，奉獻型的領導者還會非常善於挖掘具有潛力的新人，幫助他們順利地發展成為自己想要的員工。

　　奉獻型領導者的進攻性和競爭性在公關方面表現地更出色，他們的進攻總是隱藏在「幫助」之下，因此他們會非常注重自己的公開形象，從而獲得更多的認可，讓自己領導的團隊擁有積極的社會影響力。

　　另外，奉獻型的領導者還會充分發揮自己的社交才能，尋找合適的合作夥伴進行結盟，這是他們最為常用的一種競爭方式。奉獻型的領導者另一個特點就是以發現並滿足客戶的需求作為立身之本。他們的關注

焦點會時刻放在客戶的需求上面，並根據客戶、市場的需求變化適時地做出調整。

但是，他們在工作中有時候會表現得比較敏感，任何可能存在的不尊重都會讓他們不高興，而且這種情緒還會經常被帶入到工作中。因此，在面對奉獻型的領導者時，一定要表現出對其應有的尊重和讚賞。

G 是一個典型的奉獻型領導者，和上司或下屬都能保持良好的合作關係，但是 G 的升遷之路卻並不一帆風順。在他剛剛當上部門經理時，其他人非常不服氣，認為他就是透過「討好」上司，才得到經理的職位的。

聽到這種言論之後，G 並沒有為自己爭辯什麼，而是針對市場的變動做了一份客戶心理變化的研究報告，然後把自己的想法以檔案的形式呈交給了上司。上司看過之後，覺得 G 的這個研究報告能為公司產品在激烈的競爭中開啟一條新的銷路，於是就批准了 G 的策畫。隨後公司開始調整銷售策略，讓產品和價格更能滿足客戶的需求，果然產品的銷量有了大幅度的提升。這時，大家才相信 G 確實有擔任部門經理的實力。

擁有奉獻型人格的普通員工是辦公室裡的潤滑劑，能調劑同事之間的關係，讓工作環境變得更加和諧。他們在工作中總是能出色地完成任務，並提出建設性的建議，是公司中最容易得到升遷機會的一類人。但是，如果他們的上司是那種高高在上、把員工當成僕人一樣使用的人，那麼他們就很難在工作中保持強烈的興趣和熱情。因為當自己的付出總是得不到上級的回應時，他們會產生深深的挫敗感。

因此在面對奉獻型的員工時，要提供他們一些必要的支持和認可，就可以為公司贏得一名非常優秀的員工。

奉獻型的員工在工作中經常會為別人的夢想而積極地奉獻自己的力量，這造就了他們擁有良好的人際關係，因此他們的升遷總是與協助他

Part3　奉獻型人格：我們都很熱心

人密切相關。在別人看來，奉獻型的員工能升遷，更多的是因為他們運氣好，而殊不知，這種好運氣全是他們幫助別人換來的。

在與他人的合作中，奉獻主義者有時會表現得非常矛盾，一方面他們想要獲得其他員工的喜愛，另一方面又想贏得上司的關注。想要贏得團隊成員的喜愛，他們就需要壓抑自己的攻擊性；而想要獲得上司的青睞，就需要在團隊競爭中獲得優勝。在工作中他們的最大動力來源是自身的情感，情感的滿足會讓他們工作時充滿幹勁，也會發揮他們的積極性到最大化。因此，積極的獎勵制度和上司的認同會讓他們充分地發揮自己的能力。

M非常在乎別人的評價，他總是習慣性地透過別人的眼睛來評判自己，別人的認可和讚賞會讓他充滿活力和幹勁；相反地，如果他的付出沒有得到他人的關注或回應的話，就會覺得非常無趣。有一次，M在工作中因為一個建設性的意見，得到了上司的認可，他在那段時間內的業績也有大幅度的提高，因此，M在開會時被表揚了。

得到讚賞的M從此一發而不可收，每次都能出色地完成自己負責的工作任務，並積極地幫助同事，受到了公司上下的一致好評。沒過多久，公司決定新開一家店面，結果M得到了主管的提名，並在最終討論中獲得了認可和肯定。

怎樣與奉獻型人格相處地更好

奉獻型人格在九種人格中算是非常容易相處的一種類型，因為奉獻主義者在社交的過程中特別注重雙方關係的培養和維護，也能主動地發現別人的需求，並去滿足對方的需求。因此，奉獻主義者通常都能建立良好的人際關係。但是，人際關係從來都不是一方努力的結果，任何人的付出都希望能得到對方的回報，奉獻主義者尤其如此。他人對其幫助的認可和回應，會讓他們覺得實現了自身的價值，證明自己是有人愛的，這一點對他們來說至關重要。

除此之外，奉獻主義者在自身的發展過程中也存在不同程度的缺陷，有時候會陷入思維的死胡同，無法找到出口。所以，我們在和他們相處時掌握一些方法和技巧，能讓雙方的關係變得更加和諧。

奉獻主義者在社交之中總是憑藉自己的古道熱腸和樂善好施，建立想要的人際關係狀態。在這個過程中，你對他們的肯定和欣賞會讓他們變得更加快樂。相反地，如果你對他們的幫助習以為常，不做出積極的回應，他們就會覺得自己的付出是不值得的，認為自己的感情被愚弄了，從而脾氣就會變得喜怒無常，難以捉摸。所以在和奉獻主義者相處的過程中，要適時地表達自己對他們的認同和讚賞，這樣才能讓雙方的關係更加融洽。

奉獻主義者總是習慣性地給予他人幫助，這種幫助有些時候甚至會超出常人的想像。而且在社交的過程中，奉獻主義者會十分討厭別人的拒絕。因為他們的安全感正是來自於幫助別人後得到的感激之情和認同感。因此，當你想要拒絕他們的好意時，一定要詳細地告訴他們原因，爭取他們的理解，否則就會讓雙方的關係陷入尷尬的境地。

Part3　奉獻型人格：我們都很熱心

　　M是一個不善於表達自己想法的人，對於他人的幫助總是習慣性地接受之後默默地放在心裡，然後透過行動來表達謝意。有一次，M的感情生活出現了一些問題，但是他不想跟別人說，只想自己安靜地度過這段時間。不過他的一個朋友N得知了這件事，就想幫助M抒發和調整一下心情。因為M的心情不佳，對於N的好意開導並不是很上心，但M也沒有跟N說清楚自己的內心想法。礙於N的好意幫助，M不好意思直接開口拒絕，就非常不自然地接受了N的好意。M的這種表現讓N感到自己不受重視，自己的一腔熱情卻換來這麼冷淡的回應，最後兩人就莫名其妙地陷入了冷戰。

　　奉獻主義者注重的人際關係是一對一的，也就是說，他們在好你交談的時候，希望能從你這裡得到認可或者讚賞，而不是轉達其他人對他的喜愛。因為他們的內心是非常敏感的，你雖然說的是別人對他的喜愛，但是他會從這份喜愛中，猜想別人對自己是不是還有不喜愛的地方，為此，他們會陷入冥思苦想的糾結之中。

　　除此之外，在談話和交流的過程中，奉獻主義者會非常重視對方的態度，真誠而直接的態度通常能讓整個談話過程變得頗為順暢，也會化解雙方的隔閡。另外，在交流的過程中，如果你能表達出對其衣著和成就的讚賞，就會非常容易贏得他們的好感，讓雙方有一個良好的溝通氛圍。

　　奉獻主義者在維持人際關係的過程中會花費大量的精力，期望自己的各個方面都能得到他人的好評，甚至有些時候會刻意「討好」他人。其實，他們在長期的社交活動中，已經養成了「見什麼人說什麼話」的習慣，但是這並不意味著他們對對方的情感不真誠，也不能因此說明他們是在偽裝自我，透過迷惑他人獲得對方的好感。而是因為他們習慣在正面讚賞別人的過程中，獲得自己想要的安全感。

　　但是奉獻主義者在與人來往中長期把注意力放在別人身上，不可避

免就會忽略自己的需求,有些時候,他們還會把自己變成別人期待的樣子。而這種壓抑通常是存在風險的,如果自己這種「委曲求全」得不到對方的回應,奉獻主義者就會非常容易陷入崩潰的邊緣。

這就需要我們在和奉獻主義者相處的時候,能夠明確地表達出自己喜歡的就是他們原本的樣子,不需要做出改變;也可以在談話的過程中,將話題引到他們自己身上,並告訴他們,自己是多麼想要了解他們,使其不再將注意力放在別人身上。

除此之外,奉獻主義者在和別人相處的時候,希望自己的幫助能夠被別人感受到並有所回饋。他們通常還希望自己被放到一個「特殊」的位置上,從而得到特別對待。因此,如果對他們表達謝意和好感的時候,能做一些與其他人不同的事情,就會讓他們覺得被重視了。

另外,如果你想幫助他們,並為他們做一些事情的時候,可以直接告訴他們自己的真實想法,那麼他們便會愉快地接受你的付出,而不會刺激他們的自尊心。

K 是那種經常為身邊朋友不停張羅的人,你若對他的張羅和幫助表達謝意,他會非常樂意接受,以後也會更有動力幫助你。有人說,K 的好人緣是透過「討好」得來的,根本經不起考驗。

K 的朋友 L 聽了後非常氣憤,想要證明這種說法是錯誤的。有一次,由於 K 的公司狀況不好,裁了一大批員工,K 雖然沒有被裁員,但也覺得自己在這家公司沒有什麼發展前途,於是就想辭職創業。L 得知了這個情況之後,就和朋友商量了一下,拿出一部分資金支持 K 創業,當 K 想要拒絕的時候,L 對他說道:「你不要急於拒絕,我們這樣做首先是因為知道你的能力,其次也會讓我們非常開心,覺得我們總算能幫你一次了。」

K 聽完之後非常感動,覺得自己付出的一切都是值得的。隨後 K 憑藉自己的好人緣,在創業之路上慢慢地站穩了腳跟。

Part3　奉獻型人格：我們都很熱心

奉獻型人格的自我修正

在現實生活中，每種人格都存在不同程度的缺陷，如果想要有更好的發展，就需要正確了解自身存在的問題，然後積極地進行自我修正和超越。奉獻主義者在和別人相處的過程中，大部分注意力都集中在別人身上，希望自己能夠準確、及時地發現別人的需求，然後去滿足他人，獲得自我心理上的滿足。他們的這種付出經常會讓他們覺得筋疲力盡或者不夠受重視，心理上的矛盾和落差會使他們的「助人為樂」變成「自找罪受」。

針對這種情況，我們需要提醒一下奉獻主義者，要認清楚不能總活在別人的需求之中，要學會從自身尋找安全感和認同感，將對別人的關注和愛適當地轉移到自己身上，讓自己的感受與奉獻維持一種恰當的平衡。

奉獻主義者在試圖幫助他人的時候，首先要確定自己的動機，單純地助人為樂是一種令人欽佩的美德，但是當幫助他人變成一種「施恩圖報」的手段時，所期待的結果其實已經離失望不遠了。所以奉獻主義者在和別人相處的時候，需要保持一種頭腦清醒的狀態，要清楚自己對他人的價值，既不要「恃功而驕」，過分誇大自己的幫助，期待過高的評價；也不應該表現得過於卑微，讓自己的幫助成為討好。

除此之外，在幫助他人的時候，還要弄清楚別人是否真的需要幫助。本能和直覺雖然能夠讓我們體會到他人的情緒狀態和內心需求，但是這並不能說明對方願意接受幫助。因此奉獻主義者在施以援手之前，要和對方有深入的交流，這樣才能避免「越幫越亂」的尷尬局面。

L在生活中總是喜歡幫助別人，但是有些時候，事情的結局並不像他想的那樣，在自己的幫助下，雖然得到了對方的感激之情，卻讓雙方的關係變得非常尷尬。

事情是這樣的，在一次美術課上，L早早地完成了自己的作品，開始四處張望。此時，L的同桌仍在努力作畫當中。為了讓想對方能夠在規定的時間內順利地完成任務，於是他就開始幫同桌的作品上色。

但是同桌並不覺得時間不夠用，認為自己能夠獨立完成，而且作品的創意點在上色的時候就能著重表達，於是拒絕了L。由於同桌為了集中精力繪畫，並沒有把這些想法告訴L，遭到拒絕的L覺得對方是對自己的能力產生了懷疑和不信任，但L的這番心理變化同桌並不知道。於是，兩人之間就不再像以前那樣友好了。

奉獻主義者在社交的過程中，有些時候會為了滿足他人的需求，壓抑自己內心的一些慾望。其實這並不是一個好現象，一味地為他人考慮而忽略自身的一些需求，從某種程度上來講是違反人的本性的。另外，給予他人太多的幫助，會導致自己的期望值不斷地提升，甚至會產生一種「他人都對不起我」的偏執想法。

這就需要奉獻主義者不要一味地為他人而改變自己、委屈自己，更沒有必要在付出的時候，為自己設定一個回報的期望值。除此之外，也不用把送禮物和稱讚當成一種別人喜歡自己的表達方式。

奉獻主義者在判斷自己與別人的關係時，會把社交的密切程度作為關係親疏的判斷標準，但這種判斷並不是完全正確的。例如，奉獻主義者總是在關注他人的言談舉止，卻忽略和自己親人、伴侶之間關係的維護和交流。而家人顯然要比那些剛認識或想要認識的人重要得多，一時的頻繁交流並不能說明雙方關係的親疏程度。

這就提醒奉獻主義者要關注並滿足自身的需求，要意識到自己的價

值不僅在於滿足他人，更需要滿足自身的需求。除此之外，奉獻主義者在社交的過程中還要學會適當地說「不」，要勇於承認自己在別人的生活中並不是必不可少的一員，要懂得讓朋友有獨立處理問題的機會。

另外，奉獻主義者還要明白，自己的成功並不一定需要權威的認可，強者的保護和認可固然會讓自己感到一時的安心，但是學會自我肯定才能成為強者。奉獻主義者還要學會在避免自己的「幫助」打擾別人的同時，更要學會避免以「幫助」的名義來介入、控制別人的生活。

G 在生活中是一個非常容易失落的人，因為他總覺得別人需要自己的幫助，而且只有在自己的幫助下事情才能發展地更加順利，但是卻很少有人願意找他幫忙，這讓他懷疑自己的能力和價值。

其實，別人不找 G 幫忙是因為：一方面，大家都想憑藉自己的努力去實現目標，尋求他人的幫助就意味著要承擔相應的「人情債」；另一方面，當別人找 G 幫忙之後，G 就會時刻強調自己對對方的幫助，這種行為會讓對方覺得，好像少了他的幫助就不能成功似的。

有一次，G 的好朋友 K 出現了一些問題，但是 K 並沒有開口向 G 尋求幫助，而是選擇一個人獨自面對。G 得知這個情況之後非常生氣，覺得 K 不把自己當朋友，於是就找到 K，詢問他為什麼排斥自己的幫助，K 想了想說道：「我不是排斥你的幫助，而是想試試自己是否能夠獨立度過難關，現在你看我不是已經堅持過來了嗎？」G 聽後陷入了沉思當中。有了這次經歷，G 再也不「主動」伸出援手了，而是讓朋友擁有獨立處理事情的機會。

奉獻型人格與其他人格的碰撞

　　奉獻型人格與浪漫型人格存在一些共同的人格特徵，它們都屬於以「心情」為中心的人格類型，因此他們的價值觀和世界觀都會受到情商的影響。也就是說，情感在他們心中占有重要的位置，別人的看法和認可對自己的行為和心理都會產生至關重要的影響，他們會讓自己的情緒、感受與他人保持一致，從而維持自己與他人之間的關係。奉獻型人格是浪漫型人格的壓力類型，浪漫型人格則是奉獻型人格的安全類型。

　　奉獻主義者和浪漫主義者在現實生活中都是那種擁有良好人際關係的人，他們的內心都很敏感，也都非常樂意幫助他人。但是奉獻主義者在安全狀態下會變得更加理智，具有獨特的創造力。

　　除此之外，奉獻主義者經常會主動關注他人的需求，並且願意為滿足他人的心理需求做出一些自我改變。但是浪漫主義者則不同，他們通常表現得更加關注自我形象，注意力也會放在自己身上，讓自己的行為服從內心情感的變化。

　　因此，奉獻主義者在和浪漫主義者相處的時候，在一般情況下，兩者並不會出現太大的衝突，因為奉獻主義者的關注他人正好和浪漫主義者的關注自我產生良性的互補。但是兩者在相處的過程中都會克制自己的情感，避免自己全心全意地投入進去。當兩個人近在咫尺的時候，雙方會選擇後退，讓彼此都能處在安全範圍之內；但當兩個人的距離變遠之後，雙方又會被對方吸引，再相互靠近。

　　M和N在生活中是非常讓人羨慕的一對戀人，他們兩人總是能相處地很好。其實，在最初的時候，他們的關係並不是現在這樣和諧與美好。

Part3　奉獻型人格：我們都很熱心

當時 N 對 M 的付出感到非常疲憊，M 的付出和幫助也總是讓 N 覺得自己不完美，總覺得自己在很多事情上都需要他人幫助似的，而且 N 還認為這麼盡心盡力地滿足他人的需求，是對自己的一種剝削。

另外，N 還非常討厭 M 對他人的恭維和調情，覺得他這樣做顯得非常輕佻。但是 M 作為奉獻主義者是非常喜歡挑戰的，即使 N 對他有種種不滿，即使 N 拒絕他，他都沒有感到失望，而是選擇繼續追求下去。

最終 N 被 M 的真誠打動，相處久了才發現 M 對於感情並不像表面上那麼輕佻。而且在隨後的相處過程中，N 也表達出自己的內心想法，自己喜歡的是現在的 M，而不是為了自己做出改變的 M。M 聽後便不再刻意地改變自己，從而變得更自信，兩個人的相處也因此變得更加融洽。

在現實生活中，有人會覺得奉獻主義者和懷疑主義者很難區分，因為他們表面上看起來都很熱情、友好，並且會尊重他人的想法和感受。但是仔細分辨的話，則會發現兩者之間存在很大的不同。

懷疑主義者在做事的過程中一般都是小心謹慎的，他們不僅會懷疑別人，也會懷疑自己，不相信什麼事情是絕對必要的，幫助當然也不例外。他們取悅他人，只是為了獲得想要的安全感和確定性，而奉獻主義者則是為了獲得別人的認同。

因此奉獻主義者在和懷疑主義者相處的時候，一般情況下不會維持很長的時間。懷疑主義者在相處的過程中會不自覺地思考，他為什麼要幫助我？他這樣做有什麼好處呢？然後就會和奉獻主義者保持一定的距離。而奉獻主義者最討厭的就是對方拒絕自己的幫助，這會讓他們得不到認可，進而產生深深的挫敗感。

H 的防備心非常重，當別人向他表達好意時，他總是想要探究一下他們這樣做到底是為了什麼。他的這種防備心使其在生活中沒有什麼朋友，而且非常不習慣無緣無故地接受他人的幫助。

但是 H 的朋友 L 則是一個非常樂意幫助他人的人，L 習慣在幫助別人的過程中獲得心理上的滿足，因為他覺得得到了展現自己的價值和能力的機會。有一次，L 發現 H 最近的生活有些拮据，就私下匯了一點錢到 H 的帳戶。H 收到 L 的轉帳之後非常驚訝，驚訝之餘感到自己的生活被干涉了，整個人就變得悶悶不樂。

L 沒有想到，自己的一次好心之舉會衝擊到雙方的關係。隨後 L 便把自己的本意向 H 解釋了一番，解釋清楚之後，他們的關係才重修舊好。

Part3　奉獻型人格：我們都很熱心

Part4　實踐型人格：我們都是「工作狂」

實踐主義者無論是面對生活，還是對待工作，都會表現出一種積極向上的正面形象，他們這種狀態經常能把周圍人的士氣帶動起來，別人也會不自覺地被他們的實踐精神影響，積極投身到工作中，並在他們的感染下，發揮出更大的潛力，表現得更加出色。

Part4　實踐型人格：我們都是「工作狂」

實踐型人格踏實的實踐精神

　　實踐主義者在生活和工作中是非常注重自身成就的一類人。他們的困惑是，「如果我沒有獲得相應的成就，就不能證明我的價值和優秀，也就不會有人愛我了」，所以他們經常拿自己的成果說嘴。

　　他們是典型的「工作狂」，總是在奮力追求成功，藉此來贏得別人的關注，爭取自己想要的升遷和獎勵。因此，默默無聞的付出一般不會出現在他們身上。

　　對於實踐主義者來說，整個世界就像一個物競天擇的競技場，只有成為成功者，才能在這場競爭中勝出。

　　所以，他們在工作中堅定地遵循這一法則，會表現出很強的競爭性和攻擊性。他們在理想狀態下會表現得非常有自信，也清楚自己的潛力和目標，整個人在生活和工作中的精力是相當充沛的。

　　因此人群中那些衣著光鮮、緊跟時尚潮流、目光炯炯有神、說話語速較快的人，很有可能就是實踐主義者。

　　實踐主義者在生活中積極地追求自我價值，想要在激烈的競爭中脫穎而出。他們認為，生活和工作對於自己來說就是一場自我挑戰，但不能簡單地歸結為一種擊敗他人的慾望，因此他們的行為貌似極具威脅性，實際上並不是在攻擊他人，而是想要證明自己的能力。所以人們在和其相處的時候，雖然最初會感覺到很大的壓力，但是隨著彼此關係的加深，就會明白他們內心與作風的簡單、直接。

　　實踐主義者時時刻刻都在想如何盡其所能地實現自我，所以他們在生活和工作中是一個非常注重效率的人，不喜歡浪費時間。

實踐主義者無論是面對生活，還是對待工作，都會表現出一種積極向上的正面形象，他們這種狀態經常能帶動周圍人的士氣，別人也會不自覺地被他們的實踐精神影響，積極投身到工作中，並在他們的感染下，發揮出更大的潛力，表現得更加出色。

M原本的工作環境非常安逸，大家都處在一種沒有競爭壓力的狀態之中，直到公司來了一個新員工之後，M的工作環境也發生了重大改變。這位新來的員工工作非常積極和認真，時時刻刻都處在緊張工作的狀態中，是一個徹頭徹尾的工作狂。

等到月底發薪資的時候，他的薪資甚至超過了一些老員工。這時候，其他同事才感覺到了壓力，開始重新調整自己的工作狀態，一改往日的懶散，積極投身到工作當中。

沒過多久，這名新員工的付出換來了上司的認可，被提拔為組長。他所帶領的團隊也當仁不讓地成為公司銷售業績中最好的一個。

實踐主義者非常有自信，相信只要是自己想做的事情，就一定能做得很好。因此，他們對手頭的工作和自己的目標總是充滿了激情，在追求目標的過程中不畏辛苦，積極地面對遇到的挫折和困難，相信只要自己付出努力，就能獲得自己想要的成果。

實踐主義者會把注意力和能量全部投注到自己身上，全心全意地投入自己要處理的事情，因此他們在待人處世方面會表現得非常直率。而且，實踐主義者非常善於學習，他們認為學習能不斷地豐富自己，讓自己獲得更好的成績。

實踐主義者是比較獨立的一類人，非常討厭依賴他人，就算是與自己關係非常親密的人也不例外，他們覺得依賴會讓自己變得更加懶惰。

實踐主義者對自己的生活總是有著明確的規畫，知道需要怎麼做才能獲得自己想要的成果。因此他們的目標就是完成一個又一個挑戰，成

Part4　實踐型人格：我們都是「工作狂」

為眾人眼中的「工作狂」。除此之外，實踐主義者也有出色的社交才能，他們能輕鬆地掌握別人的期望，不費力氣地引起他人的注意，努力得來的實踐成果又成功地為他們增加了一份社交籌碼。

實踐主義者非常容易成為生活和工作中的傑出典範，成為別人學習的標竿和榜樣。正常情況下，他們也會自我感覺良好，非常享受被別人讚賞而帶來的滿足感，所以他們希望可以多做一些建設性的事情，來增加自己的魅力，提升自己的地位，一直保持這種「贏」的狀態。實踐主義者所表露出的這種超乎常人的企圖心使得他們願意透過各種方式來提升自己，所以實踐主義者經常是非常忙碌的。

H在生活中是一個不喜歡說大話的人，他認為行動比語言有更大的威力，語言有些時候會讓對方「嘴服心不服」，而具體的成果則會讓對方心服口服，並且無話可說。為了讓自己的目標能夠實現，H會充分地利用每分每秒，全心全意地投入到工作中。

除此之外，H還會在工作之外不斷地學習和充電，以充實和提升自己，從而能夠更加從容地應對生活和工作中的挑戰，為自己贏得更多的榮譽和讚賞。

實踐型人格的變型

　　在一般狀態下，實踐主義者是非常關心自己的形象和地位的，工作總能順利地完成，對成功有著超乎常人的追求。這也就造成實踐主義者有時候會非常害怕失敗，害怕被人輕視，因此他們會為了維護自身的優越感而扭曲、誇大自己獲得的成就。

　　這些複雜的狀況揉合在一起，讓實踐型人格出現出了不同方向的發展變化，產生兩種蛻變的類型。在一般狀態下，實踐主義者可以成為好勝心強、以貌取人的實用主義者或是習慣自我推銷的自戀者；在健康狀態下，實踐主義者可以成為真誠、自信的人，或是傑出的典範；在不健康的狀態下，實踐主義者就會發展成為不誠實的投機分子或是惡意的欺騙者，甚至是懷有報復心的心理變態。

　　實踐型人格在最佳狀態下，擺脫了像奉獻型人格那樣希望獲得別人肯定、讓別人接受自己的慾望，而是把重心和注意力轉移到了自己內心的成長上。這時候實踐主義者期待的就是能夠發現自己的價值，實現自我的心理滿足。在這種狀態下，實踐主義者意氣風發，激勵著自己和身邊的人去實現更高的人生目標，他們能夠做到真正接納自己，既能看到自己的長處和潛力，也能夠明確地意識到自己的缺陷和弱點。

　　此時的他們更懂得滿足，不會成為一臺只知道工作的機器，他們也可以透過獨特的幽默感來調侃自己，活躍社交氣氛。無論在工作中還是在日常的社交中，實踐主義者總是能真實地表達自己，他們對工作的熱情、對他人的直率，都是其最直接的情感表現，所以他們通常更容易贏得別人的尊重和認可。

Part4　實踐型人格：我們都是「工作狂」

除此之外，實踐主義者也清楚自己的能力和價值，但是重要人物的讚賞和認可會更容易讓他們覺得自己的能力和價值得到了肯定和展現。當他們得到了別人的肯定和關注之後，自身會感到非常愜意，作為回報，他們會肯定在別人身上感受到的價值，讓雙方保持一種良性的互動。

在這個過程中，權威的肯定會讓實踐主義者非常滿足和感到自信，會讓他們覺得自己是一個重要或成功的人物。實踐主義者為了維持這種評價，會讓自己處在一種能幹的狀態中，用自信和積極的態度表現出更大的吸引力，進而使得他人對自己表示更多的認可和肯定。他們相信他們有能力應對生活和工作中的挑戰，並且只要用心去做，就一定能將事情做得盡善盡美。

在現實生活中，實踐主義者的成果和態度，永遠會被他人視為一個評判標準，他們會是傑出的典範，讓人們感受到積極的正能量。而他人對於實踐主義者的肯定和讚賞，反過來又會激起他們的鬥志，致使他們花費大量的時間和精力在自己身上，以便讓自己變得更加傑出。在這種狀態下，實踐主義者會積極地幫助他人，並激勵他人勇於面對生活的挑戰。

G在生活中是一個精力極度旺盛的人，每天就像上緊了發條的兔子一樣，基本上不會感到疲倦。賣力工作收穫的成果讓G變得非常有自信，為了維持這種自信，他自然就會更努力地工作。

久而久之，G就成了公司業務完成量的一個標竿。其他的員工在這種工作狀態的刺激下，也變得積極起來。而G本人並沒有因為自己獲得的一點成績而沾沾自喜，反而更積極地工作，並鼓勵其他同事，把自己的工作經驗分享給他們，這讓他成了公司最受歡迎的人。

實踐型人格如果想要引起他人的注意，就會主動和別人比較，在比

較的過程中,實踐主義者會產生一種害怕被別人比下去的心理,而且會使自己的「實踐」由關注自我價值的實現,轉變成和他人對比並獲得優越感的一種心理狀態。

為了滿足好勝心,實踐主義者會比其他人更加努力地工作,尋找各種象徵著成功的標籤貼在自己身上,如業績、社交能力、升遷、加薪等等。而此時,職業成就就會成為他們衡量自我價值的重要標準,實踐主義者願意為了升遷做出更大的犧牲,成功已經成為他們生活的中心。

隨著好勝心的日益增強,並為了維持別人對自己的尊重,實踐主義者開始更深層地隱藏自己的真實情感,熱衷於建立受大家歡迎的形象,讓自己變得老於世故。這時候實踐主義者考慮的不再是用能力來取得成就,也不再注重內在能力的培養,而是寄希望於塑造一個更加華麗的外表,想要透過提升自己的外在形象來贏得他人的尊重。

而他們也開始變得越來越沒自信,內心情感與自己的表現嚴重脫節,為了彌補情感上的空虛,就會集中精力去追求工作上的目標,希望可以藉此脫離情感的空洞。這時候他們儼然變成了只專注在對自己有用的事物上。而把轉變後自以為「完美」的自己推銷出去,就成了他們接下來的任務。為了逃避內心的恐懼感,他們逐漸變得華而不實,希望透過自我推銷和吹噓贏得更多的尊重和認可。

如果誇大之後的自我宣傳還是不可避免地帶來失敗和拒絕,實踐主義者有可能開始變得惱羞成怒,進而變本加厲地宣揚自己,甚至會開始嘗試透過欺騙的方式來維持自己的形象。由於他們嚴重地扭曲了自己內心的真實需求,就會害怕別人拆穿自己,害怕自己的謊言被識破,並編織一個又一個謊言來自圓其說,最後成為一個惡意的欺騙者。這就是實踐型人格由一般狀態向病態演變的過程。

H在生活和工作中是一個非常注重自己形象的人,為了要讓不熟悉

Part4　實踐型人格：我們都是「工作狂」

的人留下一種「我很成功」的印象，他便讓自己的穿著和表現向貼近社會上的成功人士，藉此獲得他人的好感。然而，大部分人在和 H 相處一段時間之後都會發現，他是一個表裡不一的人，根本就沒有什麼可表現的，而且沒有他所說的那麼成功。而 H 口中的成就，經常是子虛烏有，這就讓人們覺得自己被欺騙了，再也不願意和 H 保持聯繫了。

實踐型人格的情感世界

　　每一種人格對情感的表達方式都不一樣，實踐主義者在生活和工作中是行動至上的人，在感情世界中，他們的表達方式也不例外。他們通常不會用語言來表達自己的情感，而是用行動來表達。

　　在用行動表達的過程中，他們的注意力會放在對方的身上，希望可以透過觀察了解對方對自己的認同程度，然後採取下一步的行動。實踐主義者會把情感關係的培養和建立當成一項重要的工作，認為感情就像工作一樣，都需要一步一步地去執行。

　　實踐主義者認為別人對自己的讚揚和認可都是基於自己獲得的成就，如果沒有這些成就，他們就不會再把注意力放在自己的身上。因此，在他們的情感世界中，對情感的認知和處理也擺脫不了這種思維邏輯。實踐主義者會認為成就是他們的魅力所在，他人對自己的愛和認可並不是針對自己本身，而是針對自己獲得的成就，所以他們會為此更加努力地工作，以此來增加自己的吸引力，而不是專注於情感本身。

　　除此之外，在實踐主義者的情感世界中，朋友、戀人對其成功的認可是非常重要的一件事情，這會讓他們覺得十分開心。如果你說你喜歡的是他們個人，與成功無關，他們非但不會覺得安心，反而會心生疑慮。

　　實踐主義者主張積極、快樂地建立自己的情感世界，他們相信在工作中保持樂觀的態度，就可以在感情世界裡暢通無阻。他們看不到這種方式存在的缺陷。

　　因此，他們經常因為自己的自信、遭遇加劇原本可以避免的感情傷

Part4　實踐型人格：我們都是「工作狂」

害。而實踐主義者在戀愛中所說的甜言蜜語，大部分都是在私下裡背下來的，很少會有臨場發揮的情況，他們喜歡用行動來代替自己的表白。例如，當他們的另一半在為一件事感到快樂或者悲傷的時候，實踐主義者的眼睛雖然在看著對方，耳朵也在傾聽對方的訴說，但是內心卻在想著一些自己即將要去做的事情。

M 在生活中是個非常不善於表達自己感情的人，經常會覺得「我對她的好不需要說出來」，甜言蜜語的威力遠遠不如實際行動。於是，M 就把大部分精力都放在了工作上面，覺得自己的升遷和加薪是對對方最好的安慰。但是 M 的這些做法並沒有讓女朋友覺得很開心，因為他把大部分精力都放在了工作上面，對她的關注自然就會少很多。

而且 M 的這種做法，時間久了會讓女朋友覺得非常孤單、落寞。後來，女朋友便把內心的這種感受告訴了 M，M 這才意識到自己的問題所在。為此，他嘗試著改變自己，盡量留出足夠的時間陪女朋友，慢慢地，兩人變得更加親密了。

實踐主義者在親密關係中會認為愛就是兩個人一起做事、創造財富，並享受創造所帶來的成果。但是，實踐主義者這種單調的作風會讓對方覺得自己和其他人並沒有太大的區別，並因此心生不滿。但實踐主義者不願去考慮對方的這些感受，他們更願意專注於自身的行動，覺得說遠遠沒有做的意義大。

除此之外，如果身邊人表現出沮喪、失落、唉聲嘆氣等負面情緒，也會讓實踐主義者產生排斥心理，他們不覺得垂頭喪氣就可以改變局面，相反地，負面情緒會影響他們的行動。他們覺得專注於行動可以排除這些負面情緒對自己的干擾。因此，實踐主義者的實踐也是他們處理自己情感問題的一種簡單、直接的方式。

實踐主義者在情感上經常會陷入一種困惑的境地，總是以愛的名義

為對方做很多事,但是每當他們拖著疲憊的身體回到家中的時候,卻很少能因此得到對方的讚賞。其實實踐主義者的困惑就是對待情感的態度,總是害怕因為自己的碌碌無為而失去對方的認可,所以一直在拚命地努力。

但是,另一方面,他們又因為一直努力地打拚而失去和對方相處的機會,進而遭到拒絕和拋棄。這就提醒著實踐主義者,不能把情感關係當成工作對待,因為人是有情感的,而工作卻沒有。

L曾經常閱讀許多關於情感問題的書籍,想讓自己成為一個情感理論大師,在女朋友面前扮演一個「完美情人」,覺得「全知全能」的自己更能吸引女朋友。

但是他的這些表現在女朋友看來是非常幼稚的,明明自己不是很懂,硬要裝得什麼都懂。於是,女朋友就對L說:「你是沒自信嗎?所以才會用這些理論來包裝自己嗎?」面對女朋友的質問,他一時語塞。

女朋友接著又說道:「我喜歡的是真實的你,並不是你偽裝出來的完美形象,現實中沒有什麼人是真正完美無缺的。而且,你不應該把心思全部放在工作上面,我需要的是你的陪伴,而不是那些功成名就所帶來的榮譽。」

聽完女朋友的這番話之後,L才明白自己之前的行為是多麼幼稚,他慢慢地嘗試著去改變,開始展現真實的自己。改變之後,L覺得輕鬆了很多,和女朋友的關係也更加親密和穩固了。

Part4　實踐型人格：我們都是「工作狂」

實踐型人格在工作中的表現

　　實踐主義者在職場中對自己的能力非常有自信，而且工作效率高，能夠快速地解決工作中遇到的問題和挑戰。對於他們來說，職場就像戰場一樣，只有優勝者才能得到別人的讚賞和認可，因此他們會表現出強大的競爭性，會在較短的時間內做出超出常人的成績，來獲得他人的讚賞。

　　但是，實踐主義者在工作中經常會混淆自我和工作角色這兩個概念，覺得我就是我所做的工作。而這種想法不可避免地會帶給自己一定的困擾，覺得他人對自己的評價是不公正的。

　　除此之外，實踐主義者為了提高工作效率，有些時候也會做出一些冒險的舉動，如抄捷徑、同時處理多項任務等等，結果造成自己的工作在細節上欠缺完整性。

　　實踐主義者在工作中有明確的目標，他們從不認為自己離成功很遠，而是相信只要朝著自己的目標堅定地走下去，必然能有所回報。他們的這些做法也理所當然地會讓他們更加關注自己所獲得的成果，而不是奮鬥的過程，他們在工作中不僅是行動至上者，更是結果至上者。

　　實踐主義者能專心地完成自己制定的每個計畫，因為他們清楚完成計畫對自己的重要性。但是，在這個過程中他們的視野會因為一心只想完成眼前的工作而變得狹窄，對於身邊的各種反對意見也會置若罔聞。

　　實踐主義者希望自己的能力在工作中受到別人的肯定，而不是懷疑。他們對外界不同意見的排斥，會讓他們難以及時地接收新的資訊，進而造成工作上的失誤。因此，在和實踐主義者一起共事的時候，面對

工作中的分歧要做好充足的準備，要讓對方充分意識到眼前出現的問題，同時也要選擇正確的方式與其交涉，這樣才能避免雙方因為意見不同而產生更大的分歧。

實踐主義者在當下高壓的職場環境中可以從容地應對，頻繁的競爭並不會讓他們覺得壓力山大，反而會如魚得水。因為他們覺得競爭是表現自己的能力，贏得別人讚賞的最佳關鍵點。

因此，當別人被職場壓力搞得筋疲力盡的時候，他們仍然能積極地應對工作中的挑戰。當實踐主義者在工作中遇到困難的時候，他們也不會因此而有挫敗感，他們不僅不會放慢自己的步伐，反而會想盡一切辦法使自己保持現有的工作效率。

當他們感到自己將被趕上或者超越的時候，就會盡可能地尋找捷徑來達到目的，而這種想法常常會讓他們因此忽略了對品質的掌控，導致他們看中的是量而不是質。這也說明在實踐主義者心中，優先完成的誘惑力要遠遠超過冒險帶來的風險。

M是一位中學數學老師，他做事從來都不會半途而廢，只要是他認定的事，無論如何都會完成。當考試過後，自己所教班級的數學成績如果沒有期望的那樣好，他心中就會有這樣一個聲音：「一定要解決教學中出現的問題，讓自己所教的班級獲得更好的成績。」接下來他又會去思考「要怎麼解決這個問題」，隨後M就會和自己的學生一起「同仇敵愾」，努力改正各自的問題，直到獲得自己想要的結果，才會鬆一口氣。這也導致M成為整個學校最嚴厲的數學老師，讓學生們對他又愛又恨。

實踐主義者在工作中非常關心自己的表現，並希望可以透過自己出色的表現獲得上司的獎勵或者認可。因此，他們會積極競爭獎金、職位等帶有成功色彩的事物。這也導致他們在選擇工作的時候，會偏向有著明確目標、獎懲分明、有發展前途的公司。

Part4　實踐型人格：我們都是「工作狂」

　　除此之外，由於實踐主義者的行動快於思維，因此他們會為了自己感興趣的事物立刻開始行動，而不去考慮具體如何應對這件事。他們也會因此陷入意想不到的困境當中。在他們心中，果斷地朝著目標前進要比思考一大堆問題和反對意見容易得多，這種慣性思維使他們被眼前的短期利益所吸引，進而忽略了長期利益。

　　實踐主義者在團隊合作中會非常樂意擔任領導者的角色，因為這能極大地滿足他們的心理。他們為了證明自己有能力擔任領導者，就會帶領大家展開腦力激盪，積極地面對工作中出現的各種問題，用自己強大的正能量促使大家都動起來。

　　當實踐主義者成為工作中的領導者之後，他們會複製一些已經被證明是非常成功的模式，因為比起創新，他們更加喜歡採用自己已經熟悉的一套模式來確保自己能夠快速做出成績。

　　H畢業之後面對眾多的應徵企業不知道該如何下手，他在參與了幾次面試之後，決定縮小自己的面試範圍，把注意力放在那些有明確規章制度、前途遠大的公司上。因為他覺得，只有在這樣的公司裡自己才能高效率地工作，才能獲得更大的收穫。

　　隨後，H到了一家與自己理想環境相符合的公司上班，做了一段時間之後，和H同時來的幾個員工因為壓力太大而先後辭職了，H卻仍然做得津津有味。

　　有一次，一個同事問H：「為什麼那麼多人都堅持不下來，而你卻可以呢？」H回答道：「工作中的壓力對於我來說就是正常的挑戰，而壓力在工作的過程中也是不可避免的。如果我的付出沒能得到相應的獎勵，我自然也會考慮辭職，但是我每個月拿到的獎金證明了我是適應這種環境的。」沒過多久，H就為自己贏得了一次去總部進修學習的機會，而去總部學習也就意味著H離升遷不遠了。

如何與實踐型人格相處地更好

實踐主義者在生活和工作中非常看重自己的表現和成就，做事積極主動，善於社交，他們生活的格言是「世上無難事，只怕有心人」。因此，他們在生活和工作中會盡可能表現出自己的上進心，透過競爭與超越來建立自己的優越感，進而讓別人對自己獲得的成果加以讚美。

實踐主義者表面看起來非常大方，但是他們的內心極其敏感，如果他們在工作中沒有得到肯定，他們就會表現得非常沮喪，覺得自己不能被人理解，甚至會認為自己對於周圍人來說，就像是一個陌生人。

因此，在和他們相處的過程中，想要建立良好的人際關係和順暢的溝通管道，就要讓自己學會接受他們那種喜歡被別人讚賞的心態，就算你認為他們獲取的成就是微不足道的，也要認可和表揚他們獲得的成就。

有一次，M 去參加商務談判，對方是一個典型的工作狂，任何休息時間都不放過。在談判之初，M 對對方已經做了一番了解，知道對方是一個非常有自信的人。因此在談判剛開始的時候，M 就說道：「您是這方面的專家，所獲得的成績也是大家有目共睹的，因此我也就不在您的面前班門弄斧了。」M 說完之後，直接把自己公司的一些計畫和要求告訴了對方。對方聽了 M 最初的那番話之後，臉上就一直洋溢著自信的笑容，聽完 M 講述的計畫之後，提出了自己的不同意見和自己公司的一些要求。隨後雙方很快就在這種和諧的氛圍中達成了共識，並簽訂了合約。

實踐主義者在工作中非常注重自己的效率，因此他們特別討厭浪費時間。因為在他們心中，有效地利用時間正是他們超越他人的一種重要方式。在社交的過程中，效率對於他們來說也是同等重要的。

Part4　實踐型人格：我們都是「工作狂」

　　如果在和他們交談的過程中，為了避免自己的態度顯得咄咄逼人，而說一些緩和氣氛的話，其實在更多的時候不僅不會讓他們覺得舒服，反而會讓他們因為你對目標的偏離失去耐心，使得談話難以達到一個雙方想要的結果。

　　因此在和實踐主義者相處的時候，要盡量避免拐彎抹角，直接了當地表達自己內心的想法，反而更容易讓他們聽進去。

　　K在和別人進行交流、談判的時候，非常不喜歡說一大堆與最終目的無關的廢話，覺得這樣其實是在浪費雙方的時間，因此K更加欣賞開門見山式的談話方式。他覺得大家的智商都沒有那麼低，彼此來往的真實目的也都很清楚，根本不需要說一些天氣、心情之類的廢話來進行試探。

　　因此，當別人和他談判的時候，如果對方能乾脆俐落地說出自己的想法，K就會積極的回應。如果對方一直在說一些與談判無關的話，K就會馬上失去和對方繼續交流的興趣，進而結束和對方的談話。

　　實踐主義者在工作和生活中，大部分時間都以積極的姿態鼓勵周圍的人，他們面對生活中的挫折也會毫不猶豫地堅持下去，失敗對於他們來說是不可能存在的。

　　在處理事情的過程中，實踐主義者往往只會關注事物積極的一面，對於消極的負面資訊一般情況下會選擇置之不理。因此在和他們相處的過程中，想要改變他們對於某種事物的看法，就需要讓他們感受到強大的反對力量，並直接說出這樣改變的好處，雙管齊下會相對容易獲得自己想要的效果。

　　但是在這個過程中要注意適可而止，如果你過度地強調自己的觀點是對的，他們的行為是錯的，就非常容易引起他們的反感，造成他們最終選擇一意孤行。

　　人們在和實踐主義者相處的時候，確實經常會對他們所獲得的成就

感到羨慕，甚至是嫉妒。但是在實踐主義者的行為模式裡，他們的每一個動作都不會單單只是為了自己的個人愛好，實際利益對他們來說才是最重要的，這就造就他們的行事作風色彩十足而少了一些人情味。

除此之外，實踐主義者在做事的過程中注重的往往都是最終的結果，其他的問題對他們來說根本不重要。他們這種對既定目標堅定不移的追求，會使得他們為了事業、財富、聲望，犧牲自己的情感、婚姻、朋友。

因此我們在和他們相處的時候，不要被他們充沛的精力、積極的態度迷惑，認為他們是完全優秀的。我們不僅要意識到他們性格上積極的一面，還要意識到他們性格上的缺點，這樣才能在與其相處的時候，不被他們影響和同化。

G是一個非常固執的人，他覺得只要是自己想做的事情，堅持下去，就一定能獲得自己想要的成績，「不撞南牆不回頭，撞了南牆也不回頭」說的就是G這種人。

有一次，G為了能在有限的時間內完成超過他人的任務量，就一心多用，在做著手頭工作的時候，還時不時地想一下自己的企劃書，甚至連休息的時間也不放過。G的朋友M看到他這種精神緊張的狀態，就詢問發生了什麼事情。

G就把自己現在做的事情告訴了M，M聽完之後，覺得這樣下去肯定會出問題，於是就對G說道：「做事不能只求量而忽略了質，一心一意做出來的效果肯定跟三心二意做出來的效果不一樣，提高效率的最佳途徑不是同時處理多件事情，而是集中自己的注意力，按照順序地處理。另外，工作品質所得到的好處，保證遠遠要比工作數量增加所得到的好處來得多。」G聽完M的話，覺得很有道理，於是就改變了自己的工作策略。

Part4　實踐型人格：我們都是「工作狂」

實踐型人格的自我心理調整

　　實踐主義者的自信和滿足感來自於他們所獲得的成就，對於他們來說不斷地接受一個又一個挑戰，比停下來思考自己要做什麼容易得多。因此在生活中人們會發現，實踐主義者總是處在忙碌的狀態之中，每天都有處理不完的事情，這不是因為他們的工作太多，自身的工作效率太低，而是他們想讓自己做更多的事情，讓自己從競爭中脫穎而出。

　　對於他們來說，停下來就是在浪費時間，想要保持「贏」的狀態，就應該讓自己忙碌起來。而這種想法不可避免地會造成他們的工作占用到其他方面的時間。當他們想要用自己的成就來贏得別人的愛的時候，殊不知自身的忙碌已經拒絕了別人的愛。

　　因此，實踐主義者首先要做的心理狀態調整就是學會停止，留給自己沉澱情感和思考的時間。找到驅使自己不停工作的原因，並直接面對這種焦慮，進而避免自己的行動成為一種追求成功的機械反應，找回被自己擱置的情感，學會從成功和他人的期望之外看待自己。

　　G是非常有個性的人，很多人覺得無法完成的任務，G都能堅持下來並獲得不錯的成績，這也讓G吸引了很多讚賞與羨慕的目光。但是G也付出了別人可能不會付出的代價，他為了保證自己的業務量能保持在第一的位置，放棄了留在家中陪伴老婆、孩子的機會。

　　G認為自己努力工作是為了讓自己和家人有更好的生活，但是卻忘了陪伴對於家人來說也是非常重要的，甚至在某種意義上超過了優越的物質生活。直到G經歷了一次慘痛的教訓，才改變了「拚命三郎」般的工作狀態。

有一次，他因為過度勞累而生病在醫院裡打點滴，閒著沒事拿出了兒子的作文翻看，發現裡面有這樣一段簡單的話：「爸爸病了在醫院我很傷心，但是我卻有了三天時間在爸爸身邊，這又讓我很開心。」

從此以後，G再也不把工作上的第一當成自己生活的全部意義，而是留出更多時間陪伴家人。

在團隊中，如果沒有一個明確的領導者，實踐主義者經常會覺得自己應該能勝任領的職位，然後開始展現自己積極的正能量，把別人籠罩在自己的「能幹」之下。實踐主義者會認為自己是團隊當中不可或缺的一個重要人物，周圍的其他人則是沒有什麼能力的懶人。其實，領導者的地位只是他們把別人的注意力都吸引到自己身上，藉此來獲得他人關注和欣賞的一個墊腳石而已。

實踐主義者這種過於渴望被他人接受的慾望，會讓他們在某些時候為了滿足他人的需求而忽略自己內心真實的感受，讓自己變得為了達到目的而盲目行動。其實，在現實生活中，如果實踐主義者能夠表現出自己對他人的關注和認可，那麼他們就會發現，當自己能夠好好地欣賞和支持他人的時候，不僅會對自己的表現感到滿意，也會更容易獲得別人的認可和欣賞。因為社交從來都不是單方面的努力和認可，而是相互的欣賞與支持。

實踐主義者在生活和工作中表現得非常堅韌，他們很少會因為遇到挫折而變得沮喪，他們的煩惱往往來自於別人的輕視和不信任。其實他們認為的輕視，常常是因為他們對自我成就抱著不切實際的幻想，對自己期望過高所造成的。

另外，實踐主義者還非常注意自己的形象，甚至會把自己打造成一個虛幻的成功形象，把許多自身不具備的特質加到自己的身上，造成他們看不清眼前的真實狀況。而對讚賞和成就的過度熱衷，讓他們性格中

Part4　實踐型人格：我們都是「工作狂」

自大的一面暴露無遺，甚至當所有人都認為他們處在一種不利的局面中時，他們仍然會沉浸在自己幻想的成功中。

這就需要實踐主義者能夠意識到自己的能力，當自己的認知水準、個人能力或是忍受程度達到極限的時候，不要怕別人知道，要勇敢地承認自己的不足。這樣做其實會讓自己避免很多麻煩和問題，從而贏得他人的尊重。

J是一個非常愛表現自己能力的人，覺得只有把自己會的東西都展現出來，才能吸引別人的注意力，讓別人讚賞自己的能力。但是J慢慢地發現，大家對自己這種愛表現的態度根本談不上喜歡，甚至還有點討厭。

這個發現讓J陷入了一個死胡同，他想不通為什麼大家對於這麼「優秀」的自己如此排斥。於是他找到一個朋友，向其傾訴自己受到的不公平待遇。這個朋友聽完之後問道：「你認為你的同事能力怎麼樣？你對他們表示過自己的認可和讚賞沒有？」J回答道：「他們的能力就那樣，而我是公司裡面業務完成效率最高的一個人，為什麼要向他們表示讚賞呢？他們的業務能力又沒有我強。」

朋友回答道：「你要是這樣想的話就錯了，其實大家都一樣，都有一些值得別人認可的能力，也有一些他人不認可的東西。而你想要讓大家讚賞你的能力，首先就要學會表達自己對他人的認可和尊重，這樣別人才會更願意表達對你的認可。」

實踐型人格與其他人格的碰撞

實踐主義者在現實生活中總是表現得無所不能，是人群當中最為活躍的一類人。他們從來都不會刻意地掩飾自己的鋒芒，低調從來都不是他們的作風，他們是典型的現實主義者，總是為成功而成功。

實踐主義者經常會讓自己表現得與眾不同，好讓別人能迅速地把注意力轉移到自己的身上。他們這種張揚的性格，理所當然地會與自己不同類型的人發生碰撞。

實踐主義者與協調者存在一些共同的人格特徵，實踐型人格是協調型人格的安全類型，而協調型人格則是實踐型人格在壓力狀態下的一種表現。因此，這兩種人格都會表現出對外界認可的一種渴望，喜歡聽到別人的稱讚。

但是兩者仍然有不同的主要表現，實踐主義者通常能夠快速高效地完成手頭的任務，當其遇到困難的時候會表現出不耐煩的情緒，覺得自己的時間被侵占了，但是他們通常不會就此放棄。

除此之外，實踐主義者還非常喜歡扮演領導者的角色，把別人納入自己的計畫或者目標中，別人的服從和認可會讓其感到心理上的滿足。與之相反的是，協調者在具體活動中會表現得比較被動，有些時候他們會用別人的計畫和目標來代替自己的計畫和目標，這就讓這兩類人在相當程度上可以是彼此的互補。

但是，協調者有些時候也會讓實踐主義者覺得沮喪，因為當別人被實踐主義者的遠大目標以及振奮人心的話語所激勵的時候，協調者則可能還沒有反應過來。

Part4　實踐型人格：我們都是「工作狂」

　　K在生活中無論在哪一個場合都習慣「領導」他人，他覺得別人對自己的服從可以證明自己的策略和建議是正確的，這會讓他的心理獲得極大的滿足感。

　　有一次，K和朋友聚在一起聊天，他們不自覺地聊到了對未來的看法。他們對未來都有一個美好的規畫，但現實的殘酷有些時候也會讓大家感到力不從心。K覺得談話的氛圍變得有些沉重，於是就鼓勵大家，並且堅定地相信每個人都能過上自己想要的生活。當所有人都在因K的激勵而感到興奮的時候，仍然有一個人有些不快樂。此時K就覺得自己的「領導」地位被挑戰了，然後也變得失落起來。最後好好的一個聚會，弄得不歡而散。

　　實踐主義者和享樂主義者在生活中都會以自信的面貌在不同的場合活躍，也都喜歡展現出自己超乎常人的一面。這兩類人經常能從困境中看到積極的一面，然後把負面情緒和資訊都拋在一邊。

　　但是兩者之間也存在很大的差別，享樂主義者自始至終關注的都是自己的興趣和愛好，他們更常用自己的想法來展現自己的與眾不同；而實踐主義者則是受成功的驅動，用行動來展現自己的能力，並用行動的成果來獲得讚賞，進而展現自己的價值。

　　因此這兩類人相遇之後，並不會像自己展現出來的形象那樣樂觀。實踐主義者經常會認為享樂主義者是在浪費時間，因為他們堅定地相信，如果我努力地做，那麼就能獲得自己想要的成功，因此會選擇用行動來證明一切。此時他們會覺得享樂主義者的行為是不負責任的，是沒有擔當的。

　　而享樂主義者則堅信，自己做了就會出現無數的可能，會覺得實踐主義者其實就是一個只知道埋頭苦幹的粗人。因此這兩類人在相處的過程中，非常容易出現互相看對方不順眼的狀況。如果雙方能各自收斂、

相互體諒一點，有時候會出現意想不到的結果。

實踐主義者和觀察者在工作的時候都會摒棄情感對自己的影響，讓自己專注於手中的工作。但是他們在工作中卻會表現出兩種不同的狀況，觀察者摒棄情緒是為了讓自己保持理智，而且在工作中也會留時間給自己，好讓自己反思。

實踐主義者則不同，他們在工作中能夠表現出超乎常人的永續性，基本上不會停下來反思，他們認為行動的意義要遠遠超過思考。他們在工作和社交中展現出來的是自己充沛的精力，並想憑藉自己的表現留下良好的印象為給他人。

J 和 M 剛來公司的時候，大家覺得他們的表現非常相似，他們都喜歡用自己的情緒來帶動大家的工作士氣。但是隨著深入的了解，同事們發現 J 和 M 兩人其實有很多不同的地方，比如說，J 是一個習慣用行動來說明一切的人，M 則是習慣用思考來代替行動的人。

有一次，公司讓所有員工都交上一份企劃書，J 二話不說就根據自己的經驗做了一份自認為無可挑剔的企劃書；M 則是在腦海中想了好幾套方案，最後因為時間不足而隨意選擇了一套。結果，J 和 M 的方案都沒有通過。

J 的經驗之談讓他的企劃書中規中矩，並沒有什麼創新的地方；而 M 的企劃書雖然點子不錯，但是缺乏實際操作的可能性。公司最後決定讓 J 和 M 合作一份企劃書，這讓兩個平時談不來的人不得不相處在一起，並最終做出了一份讓公司滿意的企劃書。這次合作讓 J 和 M 兩個人對彼此都有了一個新的認識。

Part4　實踐型人格：我們都是「工作狂」

Part5　浪漫型人格：
　　　　我們都是愛浪漫的人

> 浪漫主義者內心最原始的衝動和慾望就是希望自己能展現出與他人不同的一面。因為獨特對於他們來說，其實是一種無法取代的保護傘，他們會認為只有獨特才能為自己帶來關注和愛。

Part5　浪漫型人格：我們都是愛浪漫的人

浪漫型人格的魅力

　　浪漫主義者是最具藝術家氣質的一類人，他們通常有自己獨特的眼光、風格、品味，甚至有些時候穿著打扮也會表現得十分突出，讓人驚訝不已。而這一切其實都取決於他們自己的心情。

　　在現實生活中很多人認為，浪漫主義者都是比較內向的，非常容易活在自己的世界裡。而真實情況並不是這樣，內向和外向這兩種性格傾向其實都會出現在浪漫主義者身上。外向狀態下的他們非常善於表達真實的自我感受，這會讓人們覺得他們具有人情味，而他們對生活表現出的那種自我解嘲的態度也會讓人們感受到他們的幽默、風趣，這時候的他們非常容易結交新的朋友。

　　當處在內向狀態下的時候，他們會對自我反省自己內心的情感和想法，也經常會有靈光一閃的想法，展現出自己與別人不同的一面，而這時候人們又往往會被他們營造出來的神祕感所吸引。

　　浪漫主義者內心最原始的衝動和慾望就是希望自己能展現出與他人不同的一面。因為獨特對於他們來說，其實是一種無法取代的保護傘，他們會認為只有獨特才能為自己帶來關注和愛。在生活中，他們具有的敏銳觀察力會讓他們展現出自己獨特的創造力，進而讓他們在人群中脫穎而出。

　　除此之外，浪漫主義者還是一個溫馨的陪伴者。他們對於苦難有一種與生俱來的敏感，能感受到別人所經歷的各種挫折以及心中的失落感，會對他人的不幸遭遇表達出自己的同情心。浪漫主義者還會用自己特有的毅力，幫助他人走出情感的創傷，而且也願意花費時間陪在自己

朋友的身邊。另外，他們還能在社交的過程中表達那些普遍的情感，進而引起他人的共鳴，並找到情感上的慰藉。

M是一個習慣特立獨行的人，在他看來，千篇一律只會讓自己淹沒在人群當中，「鶴立雞群」才是自己想要的一種效果。因此當朋友們感覺生活變得枯燥、無聊或者陷入瓶頸中的時候，都願意找M尋求幫助。因為M總是會帶朋友去嘗試一些新的東西，讓他們的生活在換一種味道的同時，也換一種感受方式和表達方式。

除此之外，M還有一種幫助朋友走出負面情緒的魔力。每當朋友向他傾訴自己遇到的不順的時候，M都會表現出一種感同身受的樣子，讓對方得到認同感，然後他會用過來人的身分去激勵對方，讓對方能順利地排解自己情緒上的不快。M的這些魅力也讓他當之無愧地成為所在群體的核心人物。

浪漫主義者在生活當中是非常善於尋找自我的人，他們會在自己的內心深處不斷地探究自己的真實想法，並做到誠實地表達。所以敏感而又熱情的待人處事方式是他們一個比較明顯的特徵。

除此之外，浪漫主義者通常會有非常不錯的人際關係。他們雖然會在平常的生活和工作中表現出較強的自我意識，甚至會表現得接近個人主義，但是他們總是能表達出自己對對方的尊敬，用自己的直覺、機智謹慎地表達自己的同情心，讓對方感到親切並認同自己的想法。

另外，浪漫主義者的行為舉止通常都表現得非常優雅，而且他們能熱情洋溢地投入到生活和工作中，並且用亢奮的精神和充沛的精力來感染周圍的人。因此有他們在的地方，一般就不會出現枯燥乏味的狀況。

浪漫主義者對生活通常懷有一種藝術的、浪漫的傾向，並會結合自己的經驗，創造一個舒適的審美環境，然後培養個人情感。這也讓他們不論在創造性，還是在自我意識的表達方面，都非常看重自己的情感世

Part5　浪漫型人格：我們都是愛浪漫的人

界和主觀意識。因此他們總是容易被豐富的情緒所包圍，進而會被他人的情感所打動，同時他們在感情上會表現出自己堅強的一面。

除此之外，他們還是一個自制力非常強的群體。他們對自我的反省會讓他們得到一個自我昇華的機會，然後把自己的這些經歷轉變成一種有價值的東西，讓他人感受到自我救贖和自我創造的力量。

H在生活中是一個非常真誠的人，不僅能真實地表達自己的情感，還真誠地對待身邊的每一位朋友，因此他的身邊總是有一群固定的好友。而且他最大的特點就是喜歡自我反省，每當一個人的時候，他就開始反省自己的情感和經歷的事情，然後從中找到一些積極的力量，來改善自己和成長。

有一次，H在看電視的時候觸景生情，想起了自己以前的事情，然後他就陷入了沉思當中，並開始分析自己當時為什麼會那樣做。這番思考讓H意識到自己以前所犯的錯，並促使自己從一個錯誤的想法中成功地走出來，讓自己更加成熟。H也經常把自己反省過後的心得分享給朋友，讓大家共同進步。

浪漫型人格的缺陷

浪漫主義者又被稱為悲情浪漫主義者,這是因為他們在日常生活中的表現極具個人色彩,而且他們在追求自我意識的過程中,有些時候會表現得過於敏感,讓自己憂鬱的氣質表露無遺。

當他們的情緒受到刺激的時候會出現較大的起伏,並讓自己看上去「難以接近」。而幻想被打破時,浪漫主義者通常會選擇離開人群,把自己封閉起來,不斷地對自己的行為進行反思,把自己逼到死角還不肯放手,並且會為此感到沮喪、不安、失落。而這種負面情緒的持續又會造成他們無法繼續正常工作和生活,進而導致他們一直悲情下去,無法投入新的生活。

浪漫主義者在生活中的缺陷大多來自於他們內心的缺失感和時常矮化的自尊。他們總是覺得有某種東西缺失在自己的生活中,而這種缺失的東西又恰恰是別人所擁有的,因此他們就會變得無法釋懷,悶悶不樂。

他們總是習慣把自己的注意力放在一些缺失的事物上面,對眼前的事物卻不理睬,然後不斷地問自己:「如果我當時表現得好一點,是不是就不會有遺憾了?」然而即使他們下一次做得比上一次更好,仍然會覺得自己的行為有難以彌補的缺陷。因此他們總是在缺陷當中難以自拔,透過不斷地降低自己的自尊來獲得心理上的平衡和安慰。

除此之外,浪漫主義者在追求事物的過程中,經常把一些自己不願接受的局面稱為「命運的捉弄」,而「得之我幸,失之我命」是他們在處理事情時比較常見的一種心理狀態。這種心態又會使得他們在獨處的時

Part5　浪漫型人格：我們都是愛浪漫的人

候，無限地放大內心深處的缺失感，進而把自己壓得喘不過氣來。

　　K總覺得自己的生活充滿了遺憾，以前的每一件事情都沒有做好，才造成自己現在總是悶悶不樂。接下來，他就會進行一系列的自我反思，想在反思中做到改善自我。

　　這本來是一個非常好的想法，但是對於K來說，改善自我好像是遙不可及的，因為他對自己的反思總是處在一種不滿足的狀態，總是難以認可當下的自己。有一次，K花費了很大精力做好一份企劃書並交給上司，但是當K回到辦公桌前的時候，他就開始思考那份企劃書所存在的問題，然後強迫自己停下手頭的工作，開始自我反省。

　　隨後，K又做了一份企劃書交給上司，這時他的心裡才稍微好受一點。第二天，上司表揚了K這種負責的態度，並讓他的企劃書通過了。這時候K並沒有表現得十分開心，而是在想如果換一種方式是不是會達到更好的效果，然後他又陷入了無盡的自責當中。

　　浪漫主義者最大的特質就是追求獨特，討厭平凡，而有些時候這種對於獨特超乎常人的追求會讓他們顯得偏執，會讓他們看不清真實的自己。浪漫主義者總是想讓別人了解真實的自己，可是又擔心真實的自己會受到別人的嘲笑，因此他們一直處在一種矛盾的心理當中。

　　其實，浪漫主義者習慣把幻想出來的自己當成真實的自己，例如，在想像中自己是一個藝術家，但在現實生活中他們卻沒有任何一件藝術作品。這種想像與現實之間的差距使得他們一旦看到或者聽到令他們不能接受的意見，就會固執地選擇逃避，並認為這是別人對自己的誤解，然後躲進幻想的浪漫狀態中。時間久了，他們自然就會變得內向、孤僻了。

　　浪漫主義者在現實生活中擁有強烈的情感，他們時時刻刻敏感地觀察著別人對自己一舉一動的反應。他們不僅非常容易把別人無心的批評

放在心上，甚至還能從別人的語調、語氣中幻想出某種暗示、影射的意味，並深究這些話背後的意義，進而陷入自我懷疑和自我否定的情緒當中不能自拔。

他們總是對得不到的東西抱以美好的幻想，對於現在擁有的東西卻吹毛求疵，還會為失去的東西而耿耿於懷、哀嘆痛苦。因為他們覺得，越是難以得到的東西就越是珍貴，所以總是留戀「得不到」和「失去」。對於他們來說，眼睛總是看著未來和過去，當下卻是他們的視覺盲點。

L是一個習慣沉醉在過去的人，對於過去受到的傷害總是難以釋懷，因此他對周圍的人也非常敏感，總覺得別人的言行都是在諷刺自己的過去。而他卻從不考慮別人說的話是否是無意的，還是針對其他事情。

只要感覺到這句話像是在說自己，他就會思考對方為什麼會說這句話，因此他的生活有相當一部分時間是在自尋煩惱。有一次，L從同事旁邊走過，聽到同事說：「他穿白衣服一點都不好看。」而那天L正好穿的是白色的上衣，於是他就開始思考自己的衣服哪裡出現問題了，還是自己什麼時候得罪對方了。

苦思無果的L沒有選擇去直接詢問，而是一個人悶悶不樂地坐在那裡，在接下來的時間裡也沒有了工作的心情。其實L的同事只是在評論自己朋友新買的衣服而已，與L根本沒有任何關係。

Part5　浪漫型人格：我們都是愛浪漫的人

浪漫型人格的情感世界

　　浪漫主義者非常喜歡表露自我的真實想法，並且能在表達的過程中做到不斷地探索、檢視自己的內心，因此他們通常能夠清楚地知道自己想要的是什麼。對於他們來說，情感的交流在生活中有著非常重要的位置，當他們被感動的時候，他們會不顧一切地釋放自己的感情。

　　在與人相處的過程中，他們不喜歡停留在表面的社交應酬上，而是期望可以和對方進行深度的感情交流，如果對方能夠全心全意地投入，會讓他們歡喜不已。浪漫主義者表現得最有活力的時候，往往是他們的情感受到強烈衝擊的時候。反之，他們就會覺得生活單調乏味。

　　然而在現實生活中，他們很難時刻保持一種亢奮的狀態，因此他們心情不好的機率要遠遠超過心情好的機率。這就提醒我們在和他們交流的時候，要學會抓住他們情緒上的興奮點，這樣才能更好地相處下去。

　　浪漫主義者天生的浪漫情懷使得他們總是希望生活可以充滿激情，一成不變的相處模式會讓他們很快感到乏味，並對雙方的感情失去信心。激情可以讓他們的情感保鮮，甚至還能得到穩定的成長，最重要的是，可以讓雙方在面對情感上出現問題時能夠更加積極地應對。

　　除此之外，浪漫主義者天生憂鬱，讓他們在和別人相處的過程中會更注意一些負面資訊，這通常會讓他們備受折磨。當他們的視線停留在當下的時候，那些不希望出現的負面思考就會特別顯眼，進而造成他們開始厭倦已有的情感。所以在現實生活中，他們通常會和別人近距離地相處一段時間後，自覺地退回到原來的位置。

　　浪漫主義者總是習慣性地把自己的注意力放在遠處，然後忽略掉當

下擁有的感情。「不在乎天長地久，只在乎曾經擁有」，這種患得患失的遺憾美是浪漫主義者的興趣所在；「距離產生美」，這種對愛的嚮往也能完美展現在浪漫主義者的情感世界中。

浪漫主義者雖然內心十分渴望得到愛，但是他們並不會欣賞愛情，對於他們來說得不到的愛情才更有誘惑力。因此，他們會把自己大量的注意力放在等待愛情和追求愛情上面。他們會讓自己打起精神，時刻準備著迎接新的感情降臨到自己身上。

對於他們來說，堅信自己所渴望的情感必然會在某一天把自己喚醒。但是，一旦他們得到了自己最初所渴望的那種感情，他們就會覺得這種感情沒有當初想的那麼有魅力，而且還會因為情感被生活瑣事所沖淡而陷入糾結當中。

K 在戀愛中的表現經常會讓人摸不著頭緒，因為他總是處在一種接近與疏離，然後再次接近、疏離的反覆狀態中，讓人搞不清他的真實意圖。

在一次聚會上，他認識了一個女孩，認為這個女孩就是自己的理想伴侶，於是開始了**轟轟**烈烈的追求。在整個追求的過程中，K 的表現一直都可圈可點，最終 K 把那個女孩追到手了。本來大家以為「有情人終成**眷屬**」，但是讓人想不到的是，沒過多久，兩人的感情就出現了問題。

原來兩個人剛在一起的時候，K 覺得自己的生活充滿了激情和新鮮感，每天都非常亢奮。但是隨著時間的推移，兩個人變得越來越熟悉後，K 就找不到最初的那種感覺了，然後他就想從親密的感情中抽身出來。當兩個人保持了一定的距離之後，K 又想回到那種親密的關係中。這樣反覆了幾次之後，對方再也不想和 K 這樣捉迷藏下去了，於是選擇了和 K 分手。

浪漫主義者希望能找到一個與自己默契十足的人，即使自己沒有說

Part5　浪漫型人格：我們都是愛浪漫的人

出真實的想法，對方也能夠清楚地知道自己心中在想些什麼。但是，他們又非常喜歡自我反省，這也就造成他們較為內向，所以旁人總是難以猜測他們的想法。

除此之外，浪漫主義者非常期待戲劇性的情感，他們覺得情感的起起伏伏可以讓生活變得更加豐富多彩，還可以從這起伏的情感中得到自己想要的樂趣。有時候，他們甚至會覺得必須經歷憂傷和痛苦，快樂才有意義，沒有經歷過波折的快樂反而會讓他們產生罪惡感。而這種想法讓他們在社交的過程中故意製造一些摩擦來滿足自己的心理需求。

M 和 N 在同一家公司上班，因為兩人對公司周圍的環境都不是很熟悉，加上都是新員工，所以他們經常會選擇一起行動。一個星期下來，兩人的關係就有了大發展。

休息的時候，兩個人還一起去看最新上映的電影。可是等到週一上班的時候，M 就發現 N 改變了對自己的態度，變得不再像以前那麼親熱了，總感覺 N 是在故意和自己保持距離似的。

於是 M 就開始思考，是不是自己哪裡做錯了，惹得 N 不高興了。他左思右想了好長時間，還是沒有想明白自己和 N 之間出了什麼問題，於是索性就不再想了，而是專心做自己的工作。

過了幾天之後，N 又親熱地找 M 一起去吃飯。N 的這種轉變讓 M 非常不解，於是 M 就問道：「前兩天是不是發生了什麼事情？」N 回答道：「沒發生什麼事情啊！只是天天和一個人膩在一起，會讓我覺得不舒服，間斷兩天就沒事了。」M 聽完 N 的回答之後，心中的石頭總算落了地。

浪漫型人格在工作中的表現

浪漫主義者喜歡獨特，因此他們在選擇工作的時候，往往會選擇一些能夠發揮創造性的工作。如果這項工作是需要靠一個人的天賦來完成的話，則更容易獲得他們的青睞，因為與眾不同對於他們來說有著非同尋常的意義。

浪漫主義者在工作的過程中希望自己的建議和觀點能夠受到重視，這會讓他們在心理層面上獲得極大的滿足。如果別人對他們的觀點置之不理，他們就會覺得自己的表現和大多數人一樣，而這是他們不能接受的。

除此之外，浪漫主義者在工作中還有一個特點，那就是他們的工作效率會與情緒狀態緊密地連結在一起。當他們的感情一帆風順的時候，工作時就會充滿幹勁；一旦他們的感情生活出現了問題，注意力就會從工作轉移到自己的心事上，進而造成他們處在一種「半罷工」的狀態。

浪漫主義者在工作中會非常希望獲得權威的認可，他們認為權威的肯定代表的是自己工作的品質。對於浪漫主義者來說，認可、額外的獎勵、特殊對待是非常重要的，這是他們異於常人的一個重要證明，也是他們自信的重要來源。

在工作中，江郎才盡對於他們來說意味著隨時可以被取代，而獨特才是他們獲得安全感的最大保障。所以他們最不喜歡的就是被當成普羅大眾中的一員，也不喜歡被別人拿來做比較。因為在他們的內心深處，時時刻刻都在和身邊的人做比較，以便讓自己的表現能更加獨特。而此時外界對他們的比較，只會讓他們更加關注另外一個人的表現，從而忽

Part5　浪漫型人格：我們都是愛浪漫的人

略了手中的工作。

在現實生活中，即便是很普通的工作，只要浪漫主義者認為它是有價值的，他們就會興趣盎然地投入進去。因此，他們可以讓原本很普通的一項工作煥發出全新的意義，讓大家的思路為之一新，可以啟發人們換一種眼光來看待自己的工作，從而讓人們從一種普通的事物中看到某些不平凡的價值。

和浪漫主義者在一起工作，人們經常會被他們獨特的態度所影響，進而會為了實現自己的價值而努力工作。

M在一家機械公司上班，經常做重複性很強的工作，這讓他覺得生活和工作都太乏味了，不禁有了想要辭掉工作的念頭。但是，不久之後M的這種心態就改變了。

原來，公司最近來了一個新員工H，H每天都會對自己的工作投入很高的熱情，別人覺得非常枯燥的事情，到了他的手中就會有不同的意義。H這種與別人不一樣的態度很快就引起了上司的注意，隨後H順利從實習生轉成了正式員工，和M在同一個工廠工作。

有一天，M問道：「你為什麼對於大家都覺得非常枯燥的工作也能幹勁十足呢？」H回答道：「我覺得工作並不是為了迎合別人，而是在這個職位上創造屬於我的價值，因此獲得了上司的賞識。當然，如果不喜歡也可以選擇離去，但是留下了就要對自己負責。」M聽完H的這番話之後，想起了自己選擇這家公司的初衷，於是再也不覺得自己的工作無趣了。

在團隊工作中，需要避免浪漫主義者和別人出現在相似的工作職位上面，因為他們總是覺得自己是與眾不同的，能勝任的工作自然和別人也是有區別的。同樣的職位會讓他們覺得自己沒有受到重視，進而會影響他們的工作情緒。

但是，浪漫主義者在需要他們發揮作用的時候，便會毫不猶豫地選

擇挺身而出，因為他們覺得這正是展現自己獨特價值的時候。所以說浪漫主義者通常會比較適合職位劃分非常詳細明確的工作環境。

在工作中，如果浪漫主義者提出的建議遭到了質疑，他們很有可能會把這種質疑當成是人身攻擊，「對事不對人」這種說法對於他們而言是說不通的。其實他們在工作中，並不會強迫別人一定要按照自己的要求去做，他們只是希望可以被理解，希望可以獲得情感上的慰藉。

浪漫主義者在潛意識中是非常喜歡競爭的，他們會特別在意物質獎勵和上司認可，因此當他們成為領導者的時候，會表現得幹勁十足，會為了自己的目標全力以赴，而他們這樣做的動機只是為了讓自己與眾不同。

日常工作對於他們來說並沒有什麼挑戰，當危機出現的時候，他們反而會表現得比以往任何時候都要出色。成功和感情一樣，越是遙不可及，對他們越是有吸引力。當浪漫主義者成為主管時，他們能夠把不同個性的人組織在一起，並在工作的過程中滿足他們的情感需求，進而減少內部不必要的競爭。除此之外，他們通常還能讓下屬的潛力發揮到最大化，在廣大、競爭的氣氛中不斷地激勵大家完成計畫目標。

L 在一家傳媒公司做企劃經理，在工作中每當有新客戶的時候，他都會表現出極大的熱情想要將其拿下。他在工作中最大的特點就是，客戶越難搞，他的興趣就越大，他覺得只有這樣才能證明自己的實力超越他人。

每當自己的團隊成員被對方的各種要求折磨得快要放棄的時候，L 就會不斷地用各種方法來激勵他們，鼓舞大家的士氣。但是，每當一個新的計畫快要完成的時候，L 的注意力又會轉移到其他事情上面，讓自己的組員做好善後工作。L 的這種行為讓組員能夠發揮自己的潛力到最大化，進而為自己贏得加薪的機會，這也促使 L 和其組員之間能維持良好的人際關係。

Part5　浪漫型人格：我們都是愛浪漫的人

怎樣與浪漫型人格相處地更好

　　浪漫主義者在日常生活和社交中，習慣了以自我為中心的處事方式，因此他們心中會不自覺地產生一種優越感，覺得自己是與眾不同的。這也使得他們不喜歡那些平淡的工作，而是追求激情和挑戰來證明自己的獨特之處。

　　在工作中，如果他們覺得自己被放在了一個特殊的位置，那麼他們就會變得非常積極，相反他們則會覺得失落、無趣。因此在工作中與浪漫主義者相處的時候，一定要讓他們或多或少感受到自己的不同，而且要對他們的觀察力、創意點表達自己由衷的讚賞。

　　除此之外，浪漫主義者在工作的時候對過程會表現出極大的興趣，他們也會制定完美的計畫，但是他們不喜歡嚴苛的工作目標。所以在和他們相處的時候，不要要求他們嚴格按照計畫去做，一個不怎麼清晰的未來對他們來說才是他們想要的。

　　浪漫主義者在工作的時候經常受自己的情緒影響，心情好的時候，他們渾身上下都充滿了幹勁；但是當其心情低落的時候，他們的注意力就會從工作上面偏離，轉而去關注自身的情緒。

　　在這種狀態下，如果你用一種內向的方式來表達自己的不滿，或者用硬邦邦的語氣去責備他們，都會讓他們變得更加脆弱和敏感，讓他們懷疑自己的價值，反而更加沒有心情工作。他們會不斷地猜想：「他為什麼要這樣對我？」

　　此時，想要他們把注意力拉回到工作上，首先就要讓自己接受他們的情緒，認可他們內心此時的感受，聽完他們的訴說之後，再如實地告

訴他們這些情緒影響了工作。在這個過程中，讓他們感受到你不能按照他們想法進行下去的為難之處，這樣會更容易解決問題。

M 在一家公司負責文案工作，因為公司只有 M 是學中文的，因此一些比較重要的發言稿都是出自他之手。這一點讓 M 的內心十分滿足，覺得自己在公司裡是沒人能夠替代的。

但是隨著公司規模的擴大，又新應徵了幾個中文專業的人，同樣都是負責文案工作。這樣一來，M 的工作量雖然獲得分擔，但是 M 卻認為自己和新來的那幾個人做的事情並沒有什麼差別，因此感到挺失落的，對工作也不如以前那麼積極了。

上司察覺到 M 的這種變化之後，和 M 進行了一次談話。上司對 M 說道：「你最近的工作熱情沒有以前高啊！是不是覺得自己和別人一樣，沒有受到重視？」M 聽到這裡，心中雖然非常認同，但是並沒有說話。上司繼續說道：「公司的主任有好幾個，光聽主任這兩個字的話，大家肯定都覺得沒有差別，但是細細追究下來，你會發現每個人的工作其實並不一樣。新來的那幾個員工看起來雖然和你做著同樣的工作，但是你的經驗和資歷決定了你要承擔比他們更重要的責任。不過你要是一直這樣低迷下去，那公司肯定就會另作考慮了。」

談話結束之後，M 覺得自己被理解了，而他也被上司的那番話好好地開導了。很快地，M 又開始積極地投入到工作中去了。

在和浪漫主義者相處的過程中，人們有些時候會覺得他們的表現莫名其妙，因為前一天還和他們保持著親密的關係，第二天他們可能就會變得非常冷漠，自己就像被拋棄了一樣。當人們正在思考自己是不是說錯什麼話，做錯什麼事情並退回到原來的位置時，他們則又會笑容可掬地出現在自己面前。

其實，浪漫主義者就是這樣一個追求「若即若離」感覺的人群，他們

Part5　浪漫型人格：我們都是愛浪漫的人

本身並沒有什麼惡意。因此人們在和他們相處的時候，不要把雙方的關係看得那麼緊密，要讓雙方保持一定的距離，這樣和他們之間的關係才能更加和諧地維持下去。

浪漫主義者在生活中總是習慣跟著感覺走，他們對於成功的定義在很多時候與傳統意義上的成功並不一樣，別人認為可以功成名就、發財致富的工作，對於他們來說或許根本得不到認同。因為他們追求的是獨特，是和大多數人不一樣的。

因此，他們總是能以自己獨特的視角來觀察事物，然後投入自己的熱情。當我們和他們相處的時候，不要試著拿一些傳統的定義和觀念來要求他們，因為對於他們來說這很有可能是一種束縛。若想和他們保持良好的人際關係，就不要強迫他們為了工作而去做一些他們不感興趣的事情，否則只會引起他們的反感。

H畢業之後在一家外商公司上班，每個月都會有不菲的收入，時不時還能出國考察一番。在別人眼中H的這種生活非常舒服，不僅收入高，還能經常外出旅遊。但是在這家公司工作了三年之後，H果斷地放棄了這份讓人羨慕不已的工作，因為這份工作已經讓H感覺不到任何新意，重複的流程也讓他覺得工作內容相當乏味和無趣。

H辭職之後選擇去環遊世界，並在旅行途中為一些雜誌寫專欄、拍點照片。旅行生活雖然讓H失去了高薪收入，但是H卻認為自己每天都會認識一些新的朋友，看到一些新的風景，這比在一個固定的地方上班有趣多了，他從不後悔自己做的選擇。

浪漫型人格的心理調整

　　浪漫主義者總是習慣把自己的注意力放在已經過去的事情上面，然後思考自己當時如果換一種做法，會不會有更好的結果；又或是把注意力放在未來的某件事情上面，思考自己怎樣去處理，才能有一個好的結果。

　　他們習慣停留在過去的遺憾中無法自拔，對自己過去行為表現出自責。他們也特別容易沉醉在對未來的美好幻想中，認為自己的下一次行動肯定會沒有遺憾。可等到下一次真正出現的時候，他們則又會開始新一輪的挑剔自己的行為，就算他們的做法在別人眼中已經非常完美了。

　　這裡要提醒浪漫主義者，要能夠承認並接受自己之前所犯下的錯誤，也可以為此表現出悲傷的情緒，但是悲傷、感慨之後就要學會把它放到一邊。浪漫主義者在面對未來的時候也可以有美好的想像，但是必須認清現實與幻想之間存在的差距，並設法調整自己因為這種差距而產生的憂鬱、憤怒情緒，進而避免讓這種負面情緒影響自己，干擾他人。最重要的是，浪漫主義者要學會活在當下，珍惜眼前的真實。

　　浪漫主義者在現實生活中非常容易被自己的情緒所左右，屬於那種經常感情用事的人。他們習慣把自己和自己的情感同等對待，覺得一定要把自己的情緒產生的緣由和解決辦法弄清楚，然後再採取行動，這樣才可以避免出現相同的錯誤。

　　除此之外，每當浪漫主義者的情緒發生激烈變化的時候，他們就會把自己的注意力放在情緒的變化上面，然後等待心情好轉的時候再開始工作。在現實生活中，這種做法會在一定程度上降低他們的工作效率，讓自身的工作環境也隨之變得緊張起來。

Part5　浪漫型人格：我們都是愛浪漫的人

　　浪漫主義者要想改變這種狀況，就需要提醒自己情緒波動是很短暫的，而且情緒並不能代表自己本身。另外，還要讓自己學會從對情緒的專注中解脫，讓自己學會向外看，而不是只把視線停留在自己身上。

　　G在工作中是一個非常糾結的人，經常會陷入過去的遺憾中徘徊自責。例如，他的企劃書沒有通過，而別人的通過了，那他就會變得非常敏感、脆弱，然後不斷地自我反省。就算這件事情已經告一段落，別人已經將注意力放在新的工作上面了，他卻仍然沉浸在自己的世界裡，不斷地想：「自己的企劃書為什麼沒有通過呢？」

　　結果G因為對過去總是耿耿於懷，導致他工作經常心不在焉，並因此錯過了一個又一個表現機會。隨後，他為了改變自己的這種陋習，就在朋友的建議下開始培養不同的興趣愛好，結交新的朋友，最終讓他成功地將注意力從自己的情緒世界中轉移了。

　　浪漫主義者在現實生活中對完整性和真實性有著超乎常人的追求，他們所追求的真實，一方面是事情的真實，另一方面則是情感的真實。因此，他們在生活中會非常討厭虛假和偽裝。

　　喜歡誠實原本是一種令人敬佩的美德，但是真實並不意味著不會變通。浪漫主義者過於看重真實，會讓他們討厭所有場面上的社交手段，覺得不真實就是虛偽，進而會影響工作，非常不利於團隊合作和開拓業務。

　　而情感上的真實又會讓他們對自己的情緒難以控制，所以會把自身的情緒帶到社交和工作中，帶給自己和別人不必要的麻煩。這就需要浪漫主義者既要學會包容，又要能夠豁達地面對外界的一些人和事，從而把自身的情緒控制地更好。

　　對於浪漫主義者來說，出現問題時，他們總是習慣性地先在腦海中進行無數次的推演，嘗試各種解決方法，但就是不願展開實質性的行動去推動事情的發展。因為不管是什麼事情，對於他們來說還沒有解決的

時候,才是這件事情最有誘惑力的時候,一旦決定要去解決,就會失去這種誘惑力,他們就會覺得沒意思。

這裡要提醒浪漫主義者,要避免在自己腦海中模擬各種方案,特別是模擬那些摻雜著的負面情緒,因為它們不是真實的。與其把自己的時間浪費在這些無用的想像上面,還不如開始行動,體驗一下真實的生活。

浪漫主義者在對待自己情感的時候總是對美好的感情充滿了嚮往,一旦他們得到了自己想要的親密關係後,就會被日常瑣事所打敗,然後迫使自己從這段關係中解脫出來。然而,當他們再回到原來的位置時,又會開始渴望恢復之前的親密關係。因為他們希望透過幻想或藝術形式來塑造和鞏固自己的情感,讓自己的情感蕩起激情的波瀾。

他們總是固執地認為,這種戲劇性可以讓他們完整地表達自己內心的情感,真正地認識自己,而平靜和平凡是他們所不能接受的。想要改變這種狀態,就要讓他們懂得,不管多麼轟轟烈烈的感情都有恢復平靜的一天,習慣平凡才能做到不平凡。

M 在生活中是比較愛折騰的人,每隔一段時間都會和她的男朋友上演一齣分手又和好的情感大戲。她覺得只有經得起這樣的折騰,才能讓彼此堅信對方是自己要找的人。除此之外,M 還喜歡活在自己幻想的世界中,每當自己的工作出現問題的時候,她就會在腦海中構思各種解決方法,然後再為每種方法找一個不能執行的藉口,最後造成自己白想一場。

不過當 M 靜下來的時候,她也會覺得自己這樣做其實挺沒意思的,於是她開始學著收斂自己的脾氣,在工作中遇到問題的時候也不再胡思亂想,而是找到一種方法,就開始行動。M 的這種改變很快就獲得了成效,她與男朋友之間的關係不僅更加甜蜜了,而且自己的工作能力也得到了上司的肯定。

Part5　浪漫型人格：我們都是愛浪漫的人

浪漫型人格與其他人格的碰撞

　　浪漫主義者與協調者有很多相似之處，兩者在社交中都能表現出自己的同情心，而且經常會被別人的某些經歷所感動。除此之外，他們的注意力經常會放在周圍的一些事物上面，還會在自己所營造的情緒環境中迷失自己。

　　他們認為自己是不完整的，總是留有遺憾，因此，當他們遇到一件事時，通常不會主動地去做，而是更願意停留在思考的層面上。但是，這兩種人之間仍然存在著一些差別。

　　浪漫主義者待人處事習慣以自我為中心，很少去顧忌自己的行為是否會帶給別人困擾。對於他們來說，獨特和與眾不同的感覺才是最重要的，而且他們也願意接受自己的情緒發生急遽的變化。

　　協調者的大部分時間都是以別人的需求為出發點的，對於他們來說，避免生活中出現衝突才是最重要的。他們可以為了保持穩定的生活，讓自己的想法跟隨別人發生改變。因此，這兩類人出現在同一個場合的時候，會比較容易製造和諧的氣氛。

　　浪漫主義者在某些時候會被錯認為享樂主義者，因為這兩類人的身上都存在著理想主義的影子。他們待人熱情，希望自己的生活充滿激情和挑戰，兩者對於平凡的生活都沒有太大的興趣。另外，這兩種人都十分注重自己內心的感受，甚至會停下手中的工作，沉浸到自己的感受當中。

　　但是，這兩種人還是存在根本性的差別：享樂主義者會盡可能地避免負面情緒，樂觀地看待生活中的人和事；而浪漫主義者則喜歡探究自

己產生憂鬱情緒的緣由，回味生活中的遺憾，把痛苦當成生活主要的部分。

雖然這兩類人的世界觀迥異，但是在工作中卻能被對方的獨特性所感染，因此他們在工作中也能合作得很好。但是，如果他們想要自己的工作善始善終，就需要雙方都能改掉自己「想多於做」的毛病，腳踏實地地參與工作。

M和N在工作中是非常有默契的搭檔，相同的工作目標淡化了他們情感上的差異，讓雙方都能專注於自己熱衷的領域。M在工作中總是會有一些富有創造性的點子，但是他非常討厭參與實現這個創意的過程。此時，N的出現就可以很好地彌補M的缺失，因為N在工作中是一個習慣去做事，而不擅長做選擇的人。而M的創意剛好可以指導N的行動，N的行動則可以轉化M的那些想法成現實。M和N在工作中的配合默契讓他們經常獲得超越他人的成績，引來別人的羨慕。

浪漫主義者和觀察者處在相鄰的位置上，兩者之間也會表現出一些共同的人格特徵：他們都非常善於分析，是經常自我反省的群體，在對外的社交過程中也會展現自己內向、敏感的一面。但是兩者之間仍存在相當程度的不同：例如，浪漫主義者是最情緒化的，他們在以自我為中心的同時，對別人也會提出各種要求，而且經常會因為情緒的變化，進而改變自己的立場；而觀察者卻是最為客觀的一類人，他們在待人處事的過程中很少會要求別人，而且他們能夠堅持自己的個人立場。因此，當這兩類人在一起的時候，不可避免地會發生矛盾和衝突。

實踐主義者和浪漫主義者相處在一起的時候，兩者之間也非常容易出現一些問題。雖然這兩類人都會流露出自己對他人認可的重視，也能用自己的熱情和創造性來包裝自己的形象，但是兩者在工作中表現出來的態度卻迥然不同。

Part5　浪漫型人格：我們都是愛浪漫的人

　　實踐主義者對於工作會勇往直前，甚至可以為此壓抑自己的情感。而浪漫主義者則不同，他們的目標非常容易受到干擾，也會經常帶著情緒工作，讓他們暫時忽略自己的感情是很困難的。如果這兩類人是上下級關係的話，那兩個人會因對方的表現而感到不舒服，因為兩個人在本質上都有不願妥協和服軟的一面。如果兩個人是平等的競爭關係，那麼兩個人就會因為都想獲得上司的認可而鬥得不可開交。

　　K和L在工作中是上下級的關係，L是一個典型的實踐主義者，做事經常表現出超乎常人的精力，面對困難時也會積極地應對。然而L的這些表現並沒有贏得K的認可，L的爭強好勝反而讓K產生了一種危機感，K覺得L這樣做是為了取代自己的地位，因此兩個人之間的關係變得有些微妙。

　　隨後L為了緩和雙方之間的關係，就在各種場合中都表現出自己對K的尊重，並表明自己最關注的是手中的工作，而不是一心想要往上爬。K感覺到L表達的善意之後，在工作中也不再那麼排斥L了，並且時不時地表現出自己對他的讚賞，從而改善了雙方的關係。

Part6 觀察型人格：
目光停留在他人身上

> 觀察型人格是九種人格中表現得最為冷靜的一種人格,他們總是和周圍的人和事保持一定的距離。在社交的過程中,他們通常會讓自己待在一旁先進行觀察,隨後再參與。

Part6　觀察型人格：目光停留在他人身上

觀察型人格的特點

　　觀察型人格是九種人格中表現得最為冷靜的一種人格，他們總是和周圍的人和事保持一定的距離。在社交的過程中，他們通常會讓自己待在一旁先進行觀察，隨後再參與。

　　除此之外，他們在待人處事的時候，還會避免自己的行為被情緒所左右，在工作中也會盡量減少兩者之間的相互影響。這種態度可以讓觀察者在高壓之下仍然保持冷靜的頭腦和清晰的思路，讓他們可以成為一個出色的決策者。

　　觀察者是需要高度隱私的人，在生活中如果沒有屬於自己的獨立時間和空間，他們就會覺得思維枯竭，情緒焦慮不安。

　　當他們自願進入獨處的狀態時，並不會像其他人那樣因此感到無助、苦惱，反而會覺得非常自在，樂意享受這種隱私帶來的快樂和安全感。他們經常透過獨自沉思的方式，來回顧自己所經歷的事情。因此，我們在許多觀察者身上可以看到他們內向、孤獨、喜歡思考多於交談、喜歡獨處勝過聚會等性格特徵，梁朝偉和愛因斯坦（Albert Einstein）就是他們之中的代表人物。

　　觀察者一直在擔心著一個問題，那就是「如果我沒有知識了，別人就不會再喜歡我」。因此他們對知識有著超乎常人的追求，這造就他們非常容易成為某個領域的專家。

　　除此之外，觀察者在現實生活中經常會表現出與眾不同的見識，會專注地投入自己所感興趣的事情當中，哪怕他們所做的這件事情沒有得到他人的支持和認可，要承擔很大的壓力。但是只要他們選擇了開始，

就會讓自己排除外界的一切干擾，做到全力以赴，因此他們的工作經常得到他人的肯定。更為可貴的是，他們雖然會執著於自己感興趣的事，但是並不會執著於事情與情感之間的連結。

觀察者習慣觀察的做法讓他們對世界有更加深入和廣泛的理解，與此同時也培養了獨立的精神，因此，用特立獨行來形容他們是再合適不過了。而且，觀察者這種冷靜的態度讓他們無論在做事還是在認知事物的過程中，都能提出一種全新的觀點和看法，能創造出極具價值又富有原創性的東西。他們看待事物時理智的態度又促使他們表現出心胸開闊，具有顧全大局意識的一面。

K在工作中是一個出色的決策者，在面對一些重大挑戰的時候，經常能做到臨危不亂，理性對待。對於K來說，一天心情的好壞，情緒高漲還是低落，都與工作無關，他總是能讓自己在工作的時候從複雜的情緒中抽離出來。

有一次，K在開車上班的途中與另外一輛搶道的車輛發生了輕微的碰撞，自己的車身被刮花了一片。雖然那位車主當時就下車主動承擔了自己的責任，但還是讓K覺得很不舒服。

隨後K把車送去維修，自己則鬱悶地繼續去上班。同事得知了K倒楣的遭遇之後，都以為他今天工作肯定會心不在焉，必然想著自己車子修理和賠償的問題。但是讓大家沒有想到的是，K在工作中表現得和平常沒有什麼不同，甚至還非常出色地解決了兩個緊急狀況。

下班的時候，同事問他：「為什麼你可以讓自己的情緒和工作做到井水不犯河水呢？」K回答道：「本來自己的情緒就很低落了，如果再不把自己從這種負面的情緒抽離，那麼自己的工作肯定會受到影響，進而會讓自己變得更加失落，這是一件得不償失的事情啊！」K的回答雖然讓同事覺得非常有道理，但是並沒有多少人可以做到像K一樣。

Part6　觀察型人格：目光停留在他人身上

　　觀察者是非常喜歡思考的，但是他們在思考之後並不一定會採取行動。對於他們來說，思考和觀察的意義遠遠超過了行動。因此，他們想做一件事情時，會進行一番全方位的調查，蒐集各種相關的資料，但是在思考、規劃結束之後，他們就會選擇到此結束，不去執行。這種對規劃著迷的程度，如果不加節制，就非常容易脫離現實，變得好高騖遠，甚至會變得完全脫離現實、排斥現實。

　　另外，觀察者的社交能力相對較弱，他們會覺得知識比人更加容易了解，更加容易掌握，所以他們會對人產生一種疏離感，害怕與人接觸。

　　對於他們來說，不干涉、不參與、不涉及，是他們最喜歡的一種狀態，而生氣和競爭都是需要控制的情緒和行為，過多的情感關係只會成為自己的負累。因此，他們總是想保持自己的獨立，或者把自己從這種親密接觸的生活中抽離。

　　在生活中向他人推薦自己、與別人競爭、向他人表達自己的情感等，都會讓他們覺得不舒服，感覺自己的生活被干預和控制了。這是令他們非常反感的事情。

　　L是一個自我保護慾望非常強烈的人，他不喜歡去干涉別人，也討厭別人對自己發號施令，習慣在自己營造的世界中怡然自得。他總是提醒自己，慾望可能會讓自己接觸到別人，如果想要保持獨立的空間，就要學會克制自己的慾望。

　　因此在朋友眼中，L的生活是枯燥而又獨特的。L從來不會把相互介紹自己兩個彼此不認識的朋友，也不會在社交的過程中主動表露自己的情感。L時時刻刻想要做的就是保護自己某方面的祕密，節省自己的精力去學習更多的知識。但是L會與朋友分享某種特別的興趣或者感覺，然後維持雙方之間這種特殊的信任，不讓自己完全「與世隔絕」。

觀察型人格的不同發展階段

整體而言，觀察型人格可以分為健康狀態下的開先河的幻想家、感知性的觀察者、專注的創新者；一般狀態下的勤奮的專家、狂熱的理論家、憤世嫉俗者以及不健康狀態下的虛無主義者和精神分裂症患者。

在最健康的狀態下，觀察者能以非凡的感知力和觀察力展現出自己對現實獨特的參透和領悟能力，沒有什麼事情能逃脫他們的觀察。他們的好奇心讓他們能夠非常享受觀察的過程，進而讓他們透過觀察的方式來滿足自己對知識的追求。

他們能夠根據自己的經驗和想像力以及執著的態度，去發現事物之間的某些獨特關聯，進而展現出優於常人的創造力。而且，他們還會把自己認為有趣或者是有價值的事情分享給身邊的人。

健康狀態下的觀察者在整個觀察的過程中，不會把自己的想法強加於現實之上，總是能冷靜、理智地研究事物的內在邏輯和結構，並能憑藉自己出色的思考能力對其進行規劃和分析，還會推演事物的發展。

所以，他們在日常的生活中能擁有先見之明，能讓自己的思路從一件已知的事物轉移到未知的事物上面，從而可以成為開拓新知識領域和創造力的先行者。

除此之外，健康狀態下的觀察者對於觀察對象的選擇往往是根據自己的興趣，無須他人的支持或者建議，因此別人對他們的無視和誤解都不會讓他們半途而廢。對於他們而言，享受的是觀察和探尋的過程，至於能否實現終極目標並不是最重要的。

但是，這並不意味著他們會為了所謂的興趣盲目地去做一些不可能

Part6　觀察型人格：目光停留在他人身上

的事情。其實，觀察型人格在更多情況下是一種內向發展的人格，他們通常會把注意力放在自己的觀念世界和知覺世界中，對於行動卻不是那麼熱衷。

觀察者經常會認為自己的智力和感知力都要優於其他人，這種自我認知會讓他們擔心自己的思考到底是不是正確的。於是，他們就會把注意力放在自己所熟悉的領域內，為的是確保感知的準確性，並希望自己可以真正地掌握它們，然後為自己打造出一個別人難以匹敵的領域。

K 是一個善於思考的人，他經常會反思自己的行為，然後不斷地豐富自己的內心世界，這促使他逐漸變成了一個十分有內涵的人。

K 在和朋友交流的時候，會針對不同的人選擇不同的話題，不會把自己在某個領域內新奇的發現告訴所有的朋友。因為他知道，並不是所有人都關心這個話題。K 的這種處事態度，會讓他人感受到一種別樣的魅力，並為之著迷。這也造就雖然 K 的朋友不多，但是每一個都與他有著深厚的交情。

觀察型人格的一般狀態和健康狀態最大的區別在於，一般狀態下的觀察者總是害怕自己的知識不夠而怯於行動，他們的「思」總是超過「做」。因此，他們在生活中會有大量重複的準備工作，然後更加深入地去研究自己所感興趣的事情。但是他們會發現，隨著研究的深入會出現更多自己不能掌握的領域，這時他們就會選擇繼續研究，或者退回到自己所熟知的領域當中。

一般狀態下的觀察者會將自己的注意力從才智創新和探索轉移到對概念的想像和探究中，並開始產生逃避的情緒。他們可以在自己的想像中針對同一項任務設想出多種執行方案，但是卻不會付諸行動這些計畫。因此，在探究的過程中，他們會變得越來越懷疑自己處理問題的能力。

觀察型人格的不同發展階段

一般狀態下的觀察者雖然也有可能會成為某個行業的專家，但是這讓他們的視線逐漸變得狹窄，開始更加認同自己的內心，而忽略現實環境的影響。他們雖然退回到自己所熟悉的領域當中，但是內心的不安卻在逐漸加重。此時，他們開始沉浸於他人所認為的細枝末節上面，對於真正應該加以探究的東西卻棄之一旁，這就導致他們無法獲得自己想要的成果。

一般狀態下的觀察者，隨著自身偏執情緒的發展，其自信心也開始逐漸流失，內心的焦慮和不安開始變得嚴重。此時，他們為了掩飾內心的不安，就會用一種具有攻擊性的姿態來自我防衛，甚至會選擇站在非正統的立場上，透過虛假的、沒有實際意義的強大姿態來增加自己的信心。此時的他們喜歡用親身經歷來表達自己的觀點，責難這個世界對自己的不公正待遇。

隨著他們的不安情緒加重，他們會對自認為威脅到自己的人或事抱以敵對的態度。除此之外，他們對自我的懷疑也越來越嚴重，開始覺得四周都充滿了敵意，此時他們為了保護自己的安全，開始切斷和外界的聯繫，嘗試獨處。

這時候別人對他們的質疑或者無視，就會非常容易激起他們的怒火，而不再是覺得無所謂。他們會透過種種手段來詆毀別人的信念，貶低他人的能力，得到自己想要的滿足感。此時他們的人際關係就會變得更加疏離，他們也不會再對社交抱有希望。

M 是一個喜歡在一些別人都不在意的細節上糾纏的人，他的表現有時候會讓同事覺得不可理喻。例如，廠商已經確定了他們所需產品的顏色和形狀，可 M 則會思考別的造型會不會更加適合市場的需求，並為此不斷地徵詢客戶的意見。這本來是一件很正常的事情，客戶也覺得他是個很有想法的人，但是當他的提議遭到了駁斥的時候，他就會顯得非常

Part6　觀察型人格：目光停留在他人身上

氣憤，覺得自己的經驗和判斷被質疑了。

　　於是他為了證明自己的建議是正確的，就會把所有精力都放在調查研究上面，從而忽略了自己真正應該做的事情。M為此被批評了多次，但是每當他有了新的想法之後，還是會忍不住表達出來。

觀察型人格的情感世界

觀察者在現實生活中並不是非常容易相處的,他們通常會為了保護自己的私密空間,而表露出對他人的抗拒傾向。他們對感情天生有一種恐懼的情緒,經常會提醒自己,不要把注意力放在感情上面,以避免親密關係帶給他們的緊張。

觀察者在選擇交友對象的時候,會希望對方與自己有著共同話題或興趣愛好,最好能提供自己一定的建議和幫助。而且對於他們來說,和沒有能力的人社交是沒有什麼意義的,因此在和他們相處的過程中一定要展示出自己的能力。

在生活中,觀察者面對別人的熱情時會保持自己特有的冷靜,他們不會一開始就被對方的熱情所感染,他們的表現經常會讓對方覺得不解風情。但是這並不代表他們抗拒這份熱情,因此不要被他們的冷漠嚇退,只要真誠地和他們相處,他們終歸會被你的熱情打動的。

觀察者在情感交流中反應相對比較遲緩,他們不會積極熱情地表達自己的感受,「有愛大聲說」對於他們來說就好像天方夜譚一樣。在一般情況下,他們不會選擇用甜言蜜語或者親密的行為來表達自己的感情,而是選擇用一個飽含深情的目光來代替。

他們的真實感受總是在一個人獨處的時候才會表現出來。觀察者會在自己的內心深處不斷地想像與朋友或是另一半在一起的場景,並從中得到自己想要的親密感。但是他們很容易對頻繁的親密接觸感到厭煩,這時他們就會選擇從這種親密的關係中退出,回到自己的安全區域中,然後開始思考自己內心最真實的想法,進而決定接下來的行動。

Part6　觀察型人格：目光停留在他人身上

　　M 和 N 是在一次朋友聚會中相識的，當時 M 對 N 並沒有投以太多的關注，而是和熟悉的幾個朋友親密地交談。當別人都和 N 客氣地打招呼時，M 仍然不為所動。M 這種行為反而引起了 N 的注意和好奇心，讓 N 主動與 M 接觸。

　　剛開始，M 對於 N 的主動並沒有表露出太大的興趣，只是安靜地聽著 N 訴說自己的一些興趣愛好，然後出於禮貌對其做出回應。後來，M 和 N 又在不同的場合中接觸了幾次，兩個人才逐漸熟悉起來。

　　隨著兩人關係的加深，M 選擇從這段感情中抽離，開始思考這段感情，最終決定要和 N 繼續交往下去。兩人在一起之後，他們常在相處的過程中安靜地看著對方，並沒有說過太多的情話，但是兩人之間的感情卻變得越來越穩固了。

　　觀察者不僅在生活中會表現出獨立的一面，在情感世界中也不例外。他們習慣「躲」在自己的世界裡，維持想要的獨立和安全。當他們與外界隔離的時候，他們又會希望出現一個人，把自己從自我的世界拉回到現實中。

　　然而當這樣一個人出現之後，他們則會擔心親密的關係干擾了自己的獨立，會覺得自己被侵犯了。因此，想要和觀察者在情感世界中建立起良好的關係，就需要控制自己的占有慾和支配慾，為他們保留獨立的空間。

　　觀察者對待感情矛盾的態度，在外人眼中會覺得很難理解，但是一旦他們做出了承諾，通常都能經得起時間的考驗。

　　觀察者喜歡無拘無束的生活方式，他們在社交的過程中也經常會展現出自己博學、專業、有創意的一面，能用自己獨特的視角帶給別人新意，也會經常冷靜而理智地替對方進行分析。這些特點讓他們在社交的過程中受到朋友的重視，進而加深雙方的關係。

由於觀察者能非常愉悅地接受他人賦予的某種角色和期望，一份工作、一個職稱、社交中突出的地位等等，都會讓他們變得積極。因此想要獲得他們的情感認可，不妨多請他們提供一些專業的意見，還要對他們的創意表示認可。

　　H 在日常的社交中被認為是一個十分難搞的人，因為他的表現總是讓人捉摸不定。每當別人覺得自己和他已經成為朋友，H 就會採取一系列行動，造成雙方的關係變得冷淡。但是，B 卻從來不覺得 H 是一個非常難搞的人，他們兩人的關係維持得很久。

　　有人向 B 詢問他和 H 的相處之道，B 說道：「一般情況下，人們覺得關係好了就應該經常聯絡，甚至應該天天待在一起。但是，你們不要忘了，其實每個人都需要有獨立的時間來處理自己的事情，也需要一個獨立的空間來讓自己放空，不管關係多好，每個人也都需要保留一點隱私。H 就是這樣一個人，他只不過表現得更為明顯罷了，因此在和他相處的時候需要掌握好分寸，學會進退就可以了。」

　　旁邊的人聽完 B 的這番話之後，覺得非常有道理，於是在和 H 交流的時候再也不會因為 H 的「急流勇退」而感到苦惱了。

Part6　觀察型人格：目光停留在他人身上

觀察型人格在工作中的表現

　　觀察者在工作中話非常少，習慣冷靜地觀察事態的發展，然後在自認為合適的時機去參與。他們總是害怕自己的知識不夠充足，因此在行動之前他們習慣把自己的時間和精力花費在獲取知識上面，以防自己做出愚蠢的決定，引來他人的嘲笑。他們會等到自己了解清楚相關情況後再開始行動。他們喜歡讓一切變化都在自己的預料之中，以便自己能做好應對準備。觀察者工作的目的並不是為了傳統意義上的升遷加薪，對於他們來說，追求個人的興趣愛好更為重要，因為他們習慣在自己所掌控的領域內創新，進而展現自己專業的一面。

　　他們在自己感興趣的職位上，能表現出非凡的能力，專注而深入地解決工作中遇到的問題。但是，當他們遇到一個自己毫無準備和經驗的問題時，他們就需要觀察一段時間，才能把事情想清楚。

　　這也是為什麼當他們從事一個新行業的時候，會處於長時間的觀察狀態，這樣做正是為了讓自己累積完整的相關經驗。他們努力工作的目的是為了讓自己獲得獨立的地位，進而來保護自己的隱私，享受自己不被打擾的個人環境。

　　在工作中觀察者會認為把感覺當作決策的方向是一種失控，因此他們在處理事情時會避免感情的介入，對於阿諛奉承也會非常反感。他們通常會帶給人們一種外表平靜、緘默，內心超然的感覺，與世無爭、隨心所欲的性格特點在他們身上表現得非常明顯。

　　然而，在工作中千萬不要被他們「高冷」的外表所迷惑，其實他們是非常善於規劃和分析問題的，面對高壓狀況他們也可以做到理智分析。

除此之外，觀察者在苛求細節的同時也會表露出自己的質疑，他們會努力地尋找和利用某些相似的原理來解決眼前的問題，進而讓自己成為一個出色的幕後策劃者。

K畢業後本來是有機會去國營事業工作的，但是他覺得國營事業的環境並不適合自己的發展，於是就選擇了一家與自己興趣和專業相契合的軟體開發公司。K剛到公司的時候，話非常少，大部分時間都在觀察和傾聽，而且還會利用休息時間不斷地自我進修。

就這樣過了一段時間之後，K開始表現出自己的熱情和能力，並且很快就獲得了不錯的成績。隨後K又根據自己的充足知識和對行業發展的預測，提交了一份企劃報告給公司，並贏得了公司主管的重視。

公司根據K的企劃報告順利地搶占了先機，成功地擴大了市占率。這也讓K成功地獲得了升遷，開始參與公司的策劃工作。

觀察者在工作中十分注重自己的獨立空間和時間，習慣在工作中劃分一系列界限，雜亂無章地和別人混淆在一起是他們所不能接受的。他們喜歡一個人完成工作，如果處在一個容易被干擾的環境中，他們的工作效率就會變得十分低下。

觀察者在工作的過程中經常會覺得自己被他人的安排所控制，而這種感覺會讓他們非常不舒服。除此之外，他們認為把加薪和升遷作為自己的工作動機，會很容易讓自己成為工作的奴隸，失去人身自由。對於他們來說，成功就是讓自己可以在一個充滿利益、競爭、地位的工作環境中保持獨立性。

觀察者在工作中是一個慢熱的人，對於快節奏的轉變有時候會反應不過來，甚至會有點恐懼和抗拒。因此在工作中，要給他們預留一段適應的時間，不要有太多的臨時決定，這會讓他們摸不著頭緒。

Part6　觀察型人格：目光停留在他人身上

但是，觀察者一旦投入工作，就會像一個工作狂一樣做個不停。對於他們來說，獎賞和利益根本算不上什麼動力，能滿足自己在某一方面的知識需求才是最重要的。因此，當他們面對一個難度與意義並存的專案時，最能激發他們的鬥志。

對於觀察者來說，他們更喜歡獨立完成任務。一旦遇到自己感興趣的問題，觀察者就會全心全意地投入進去，進而忽略身邊人的感受，只有在必要的時候他們才會和自己的同伴聯絡。

對於他們來說，團隊合作除非能有極其明確的分工，否則根本提不起他們的興趣。開會對於觀察者來說是一個大包袱，他們不喜歡在一個短時間內瘋狂的討論各種問題，這會讓他們感到厭倦。

觀察者如果在工作中處於管理階層，那麼他們經常會充當思想者或者分析者的角色，然後讓一個更加活躍的人去衝鋒陷陣。觀察者關注的是思想，他們會用自己的方式來表達想法，然後把任務直接丟出來，再等待大家採取行動。

如果需要他們出席一些公開場合，觀察者會事先做好各項準備工作，讓自己能有恰當的表現。在工作中，有時候他們會突然宣布一個決定，絲毫不考慮他人的想法和建議，他們的絕對理智會讓別人覺得冷酷無情，難以接觸。

M在工作中非常慢熱，每當上司安排一個新的專案時，他都需要花費比他人更多的時間來適應。M在工作中從不輕易地表露自己的想法，因為他總是覺得自己的知識量不夠，害怕自己說錯話或者做錯事。在開會時，每當他心裡想好「完美」的發言稿時，會議討論的話題早已經過了。

然而，M在工作職位上卻能做出一番讓別人羨慕的成績，他的業績可能不是最好的，但是他工作報表的條理絕對是最清晰的，他總是能讓

自己在熟悉的領域內做到最好。而且他也非常善於處理自己所熟悉的領域中出現的一些問題,並讓自己表現出超乎常人的熱情,進而滿足自己對相關領域知識與經驗的追求,同時也為自己贏得升遷的機會。

Part6　觀察型人格：目光停留在他人身上

怎樣與觀察型人格相處地更好

　　觀察者非常注重自己的私人空間，沉默寡言、凝眸靜思是他們一貫的表現方式。他們不習慣去關心別人，也不表現出對別人關心的渴望，總是習慣性地待在自己的世界裡看著別人的表現，因此經常會給人一種難以相處的感覺。

　　隱私對於觀察者來說並不只是關上房間的門，讓自己獨處那麼簡單。他們有著自己的精神生活，經常需要時間思考，此時不冒昧地打擾他們的內心世界就顯得非常重要，而且他們不喜歡別人對自己產生依賴，也會避免自己對他人產生依賴。

　　這裡要提醒人們在和觀察者相處的時候，要能夠控制好自己的好奇心和占有慾。不管兩人之間的關係多麼親密，都不要要求對方和自己一樣，能夠隨意地向朋友坦白自己的內心世界，要學會尊重他們的私人領域。

　　觀察者的理智和冷靜讓他們在社交的過程中並不善於交談，能言善道很少會出現在他們身上。正因為如此，在和他們相處的時候，要注意自己的說話態度和內容，不要因一些沒有意義的談話，造成他們的交流慾望降到最低。

　　在現實生活中，他們通常對沒有邏輯的談話、評價、命令嗤之以鼻，在他們看來，你說的話並不是簡單的一句話，而是你內心知識和價值觀的一種綜合表現。觀察者不喜歡把自己的精力和時間浪費在膚淺的社交上面，他們做事習慣根據自己的興趣行動，「話不投機半句多」是他們最常見的一種社交反應。對知識、理智、客觀的追求，導致他們期待談話的對象能夠表現出自己的高素養和專業性。

觀察者不喜歡親密的感覺，不管是身體上的親密還是情感上的親密，都容易讓他們覺得被冒犯了。他們在乎的是一種精神、知識層面的交流。如果觀察者遇到了一個能讓自己產生共鳴的人，他們就會一改自己沉默寡言的狀態，興致勃勃地和對方進行交談。

但是，一旦他們發現對方不能再滿足自己的好奇心和求知慾之後，或者是一直在重複已有的觀點時，他們就會毫不猶豫地收回自己的興奮情緒，轉而變得冷淡起來。這就提醒人們在和他們相處的時候，能表達一些新奇的觀點和看法來吸引其注意。如果在談話的過程中能夠肯定他們在某些領域中的權威性，並在溝通的過程中真誠地向他們請教，也會非常容易贏得他們的好感。

K是一個典型的觀察者，對於聚會他是能避免就避免，經常會一個人待在某個地方，進行自我探索。因此，K被其同學朋友認為是「隱士」一般的人物，好在大家對他的行徑已經見怪不怪了。

有一次，K破天荒地參加一個書畫交流會，在休息的時候，身邊一個書畫愛好者和他開始交流。剛開始，兩人談著各自對書畫的看法，氣氛還算和諧，但是談著談著，對方開玩笑地說道：「都說字如其人，我看了你的字後，覺得你好像心事比較重啊！」這句話一說出口，K的臉色馬上就變了，覺得對方是在窺探自己的隱私，於是轉身離開了，留下對方尷尬地站在那裡。

觀察者有些時候會因為他人的期待而倍感壓力，他們雖然和大多數人一樣希望獲得肯定，但是他們又往往擔心自己會被別人的期待所控制，進而失去獨立的地位。所以不管是在日常社交還是在工作中，都不要對觀察者施加太大的壓力，也不要刻意地接近他們。

因為當他們感覺親密關係就要到來時，會害怕個人空間被占據，進而會選擇逃離。除此之外，對於一些臨時決定或者重大決定要給予他們

Part6 觀察型人格：目光停留在他人身上

單獨思考的時間，催促對於他們來說無異於強迫，他們做事時習慣反覆思考，所以在和他們相處的時候要有耐心。

觀察者在日常生活中不會去關注物質享受，金錢對於他們來說就是獲得獨立和空間的工具，能夠不被打擾，保留更多的時間和精力去學習、研究他們所感興趣的事物，才是他們最為關注的。

有些時候，他們在工作中也能提出一些具有建設性的意見。這時候對觀察者最好的獎勵方式是給予他們更多獨立的時間和空間，或者對他們擁有的淵博知識表現出尊敬，提供他們展現其學識的平臺，而不是用職位和金錢去表達對他們的讚美。

L在生活和工作中都是一個隨心所欲的人，他選擇工作的標準不是高收入和穩定，而是以興趣為主。當他面對感興趣的工作時，就會表露出專業、嚴謹的一面，而他的邏輯思維和原則性讓他獲得了現在的成就。

然而，L在剛開始工作的時候，雖然腦海裡儲備了非常豐富的理論知識，但是不善表達的他卻沒有什麼表現的機會。直到有一次，別人都下班了，L仍然在公司加班看一本與他專業相關的書籍，結果發現了關於產品方面的幾處錯誤。當他打電話給上司的時候，上司由於外出度假，就沒有接聽這個無名小卒的電話，因此L就打了電話給總經理。

總經理聽完L的說明之後，立刻趕到了公司，隨後和自己的團隊一起研究，並證明L的說法是正確的，於是馬上進行了產品召回，進而保全了公司的聲譽。當總經理詢問L想要什麼樣的獎勵時，L回答道：「提供我一個獨立研究的辦公室就好了。」總經理立刻答應了L的要求，並把他納入到自己的研究團隊中。

觀察型人格的自我心理調整

在現實生活中，觀察者經常對自己的社會關係感到困惑，他們一方面會因為身邊缺少理解自己的人而感到痛苦，另一方面又害怕親密關係讓自己的自由受到限制。於是他們會選擇用理智、客觀、冷靜的方法，讓自己從複雜的人際關係中抽離出來，進而讓自己擁有更多的時間和精力去從事感興趣的事情。

這種過於理智的行為，在更多的時候會讓他們向著不近人情的方向發展，讓他們變得冷漠。除此之外，觀察者對於知識的追求，有些時候也會發展到偏執的地步，他們會把自己所有的時間和精力都放在對知識的渴求上，卻不願意花費時間來打理自己的感情世界，最後讓自己的感情世界變得越來越無趣。

這時候就需要提醒他們，對於自己的情感關係要學會容忍而不是逃避，情感上的接觸不等於受到傷害，更不能說明自己會被對方的想法所控制，不要讓自己的情感被一系列理性分析所替代。因為精神世界裡存在的想法並不能替代真實的社會經驗，不要拒絕自己所有的感性，因為人不是一臺理性的機器。

觀察者的情感世界越貧乏，就越渴望一種隱居的狀態，他們會逐漸產生一種與世隔絕的想法。但是這並不代表他們對物質財富是無慾無求的，他們反而更加清楚財富對於他們的重要性。觀察者會認為，財富是他們安全和獨立的一種保障，可以避免自己的私人空間和時間因為財富的短缺而遭到侵犯。所以，當他們獲得了一定的財富之後，不是去享受而是為自己建一個「城堡」，把自己保護起來。

Part6　觀察型人格：目光停留在他人身上

霍華‧休斯（Howard Hughes）是一個典型的觀察者，是美國歷史上一個將神話和怪異集於一身的人物。他本身有著航空工程師、企業家、電影製片人、飛行員等多個身分。他17歲時成了孤兒，輟學接管父親的企業；21歲就開始了電影製片人生涯，拍攝出許多知名的影片，並獲得奧斯卡喜劇獎；在其隨後的生涯裡，在飛行方面又創造了多個世界紀錄。

除此之外，霍華‧休斯還一個人掌握著環球公司（Universal Studios）78%的股份，身價早已上億。但是，他的這些財富和成功並沒有讓他獲得自己想要的滿足感，反而讓他在45歲的時候開始了隱居生活，讓自己避免和別人發生過多的接觸。

觀察者在做事的時候習慣「三思而後行」，這種習慣讓他們在面對突發狀況的時候很容易不知所措。而且生活不可能總是按照他們預想的那樣發展下去，這裡要提醒他們要正視自己的思考能力，不要讓思考成為行動遲緩的一個誘因。

除此之外，觀察者在生活和工作中會十分抗拒和別人合作，他們覺得獨立解決問題是一個人應有的基本能力。觀察者內心對於依賴十分反感，也不願過多地展現自己的成果和能力，他們的生活和工作中隨處可見明顯的界限。

這時候就需要鼓勵他們，能夠正視自己的「無知」、「無助」，承認自己不是全知全能的，要學會冒險、求助和合作。

觀察者在生活中會表現出「獨行俠」的一面，他們很難相信別人，也不願向他人表露內心的想法和情緒。他們會為了保證自己的獨立和保護自己的隱私，避免和他人在相處的過程中發生衝突，進而讓自己從社交中抽離。

觀察者還擁有超出常人的優越感，他們能夠良好地掌控自己的感情而不是受感情的控制。這時候就需要提醒他們，情感社交和衝突是一個

人正常生活中不可避免的一部分，學會接受他人的需求和情感表達，在生活中是非常重要的。

每個人都需要幾個有默契的朋友，觀察者也不例外。解決衝突最好的辦法不是轉身離去，而是兩個人一起努力把問題解決掉。

觀察者在生活和工作中習慣用思考取代實踐，他們面對一個需要解決的問題時，可以在腦海中幻想出多種解決方案，但是卻不會採用任何一種來解決問題。

除此之外，他們在情感世界中會選擇不斷鞏固自己孤獨者的立場，然後進行不切實際的幻想。這時候就需要提醒他們，生活的意義不是被動地等待，而是積極主動地表達和展現。

M 在一家公司做業務主管，他非常熱愛自己的工作，也曾多次創造出不錯的業績，並因此受到上司的嘉獎。但是，他的成功僅僅表現在自己身上，而不是整個業務團隊，這也讓 M 在其團隊中並不是很受歡迎。

據 M 的下屬反應，雖然大家都非常欣賞 M 的能力，但是總覺得他對大家不太尊重。M 不會像其他主管那樣去關心自己的下屬，想著要和團隊合作雙贏，也不會主動和員工溝通交流工作中的問題，更不要說為下屬爭取一些應得的福利。他做得最多的就是修改或者重寫下屬的報告。

M 對自己的專注，對下屬的不管不問，讓他的團隊成為公司人員流動最為頻繁的一個團隊。公司的管理層雖然知道 M 自身的問題，但是他們明白 M 是一個不願意去干涉別人，也不希望被別人插手他工作的人，只好在暗示 M 之後，將其調到了另外一個更適合他的部門。

Part6　觀察型人格：目光停留在他人身上

觀察型人格與其他人格的碰撞

　　觀察型人格與完美型人格在現實生活中非常容易被誤認為是同一種人格，因為這兩類人在生活和工作中都會表現出理性的一面，做事之前都喜歡進行一番周密的思考，以便自己的行動更加得心應手。

　　除此之外，這兩類人也能夠掌控自己的進退，準確地掌握做事時的分寸讓他們變得更加冷靜、理智。但是這兩類人仍然存在各自的主要重點：完美主義者在做事的過程中會表現出極大的熱情，並希望自己的這種熱情可以感染周圍的人，他們也會直接地表達自己的慾望和需求。他們不僅會不斷地提高對自己的要求，也會以此來要求別人和自己保持同樣的步調。

　　觀察者在做事的過程中，會表現得非常冷靜甚至是冷淡，他們通常不願意和別人有過多的交集，也不會關注他人的感受，希望這樣可以讓自己免受他人的打擾，以便儲存自己的精力。

　　觀察者與完美主義者之間的差別，讓他們在工作和感情生活中會產生不同的碰撞。觀察者在工作中非常熱衷研究，能夠在探索和挑戰面前展現出自己最積極的一面，這是他們對知識的痴迷追求所導致的。

　　完美主義者對完美的追求，讓他們在工作的過程中非常重視細節，希望自己可以做到盡善盡美。因此，這兩類人在合作的過程中能夠大幅度地提升工作效率，避免浪費時間。而困難和挑戰不僅不會讓他們退縮，反而會讓他們更緊密地聯合在一起。

　　除此之外，這兩類人都喜歡獨立工作，在工作中強調的是工作上的關係和合作，而不是情感上的關係。他們在工作之前也都喜歡做好準備工作，讓自己做到心裡有數，因此，在工作中他們大部分時間都可以做

到友好相處。

但是如果在工作中出現了問題,他們的第一反應都是習慣性地退一步,這時候就需要觀察者能夠做出改變,與對方進行積極的對話,因為觀察者的沉默對於完美主義者來說就是批評。

他們在感情生活中都非常注重對情感的控制,希望自己的生活可以有條不紊地進行下去。然而這種交流不多的生活,讓他們非常容易陷入誤解之中。這就要求這兩種人格在生活中能夠意識到,與其壓抑、逃避自己的情感問題,還不如直接、真誠地表達,這樣反而更有利於雙方的和諧交往。

M 和 N 在大學期間因為參加同一個社團而相識,然後在學校舉辦的各種活動中漸漸產生了好感,大學畢業的時候雙方在一起了。但 M 是一個非常不善於表達自己內心情感的人,習慣把所有事情都放在心裡,而不是說給對方聽。剛開始的時候,N 覺得可能是因為剛畢業壓力太大,有心事是很正常的,就沒有多想。

但是隨著時間的推移,M 並沒有因為就業情況好轉而有所改變。當別的情侶都是甜言蜜語、你儂我儂的時候,M 仍然是一張撲克臉,對女朋友毫不關心。最後 N 實在是忍不住了,就對他說道:「你天天這麼悶悶地不說話,是對我有什麼不滿嗎?你對別人這樣冷淡也就罷了,對我能不能多點積極的回應,不要讓我感覺每天都是在唱獨角戲。」

M 聽完之後,也察覺到了自己的問題所在,慢慢地開始改變自己對情感的態度。漸漸地,他在兩人的情感世界中扮演起顧問和指導者的角色,兩人的關係也得到了大幅的改善。

奉獻主義者和觀察者在生活和工作中是非常互補的,他們對於別人的需求都十分敏感,在付出的過程中也能做到封鎖情感對自己行為的干擾。這樣的共同點讓雙方有了合作的基礎,而兩者之間存在的差異,剛

Part6 觀察型人格：目光停留在他人身上

好可以讓雙方的合作達到雙贏。

觀察者對他人的幫助是階段性的，因為他們通常需要時間來保護自己的個人空間。而奉獻主義者對於別人的幫助和關注則是持續性的，他們可以為了滿足他人的要求而壓抑自己的需求。這兩類人的處事方式讓雙方在工作和相處中能夠找到適合自己的位置，做到和諧相處。

觀察型人格是九種人格中最為封閉的一種人格，而奉獻型人格則是九種人格中最為開放的，他們在感情生活中雖然表現迥異，但是卻能像磁石的正負極一樣被對方所吸引。

奉獻主義者經常會被觀察者的鎮定和安靜所吸引，並很敬佩觀察者能夠從感性中抽離出來，不受他人的影響。觀察者則經常被奉獻主義者的熱情關懷所打動，並對他們參與各種活動的積極態度表示羨慕。這兩類人之間巨大的差異，讓雙方的生活都處在一種平衡的狀態之中，也讓雙方陷入一種艱難的「情感拔河」當中，即奉獻主義者想要積極地靠近對方的生活，而觀察者則想要保持獨立的空間，進而選擇退一步。

這時候，就需要雙方加以節制各自的習慣，尊重對方的生活方式，而不是一味地表現出進攻或者逃避的姿態。

H和J在生活中是一對眾人欣羨的夫妻，兩人在性格上雖然有很大的不同，但是卻能做到和睦地相處。H的一個朋友向其詢問夫妻之間的相處之道，H回答道：「兩個人在一起的時候，都經歷過或長或短的蜜月期，都會被對方所表現出來的某些特質所吸引。若想要這些特質的吸引力維持較長的時間，就需要雙方能夠保留一定的空間，並表現出對對方的尊重。如果對方身上有什麼自己討厭的地方，可以和對方展開一次真誠的談話，交流雙方的感觸和看法，這樣就可以好好地解決彼此之間出現的一些問題。愛，其實就是讓對方做自己，而不是讓對方成為你自己。」

朋友聽完之後，內心感觸頗多，隨後在與女朋友的交往中改變了自己以往過於強勢的做法，很快地，雙方之間的感情便有了好轉。

Part6　觀察型人格：目光停留在他人身上

Part7　懷疑型人格：我們天生多疑

> 懷疑主義者是具有高度責任感的，他們可以為了履行自己的責任和義務做出巨大的自我犧牲，而且非常重視自己所做的承諾。

Part7　懷疑型人格：我們天生多疑

懷疑型人格的特點

　　懷疑型人格又被稱作忠誠型人格，從這兩個名稱上就可以看出，懷疑主義者之所以懷疑是因為他們把忠誠看得太重，以至於有些時候他們會表現得多疑。懷疑主義者最基本的慾望就是追求忠心，他們會害怕自己如果表現得不順從、不忠誠，就沒有人喜歡自己。

　　他們的行為表面上看起來非常順從和忠誠，但內心其實非常憂慮、悲觀，以至於他們在做事的時候表現得小心謹慎，面對新的事物時內心會感到恐懼和不安。

　　懷疑主義者的內心充滿著矛盾的情緒，他們在情感上通常表現出依賴他人、順從他人的一面，卻自認為非常獨立；很想得到他人的信賴，也想表現出對他人的信任，但在相處的過程中又希望可以透過種種考驗和測試來減少自己的疑慮；很想得到權威的肯定和保護，卻又會質疑權威的威信。

　　懷疑主義者很容易陷在思考的沼澤中，他們缺乏做決定的能力，在生活中經常表現出難以自主的一面，總是期望自己在做決定時身邊能有一些可以提供建議的人或者團隊。從某種意義上來說，他們所追尋的安全感就是對自身以外的權威忠貞不渝地順從和全心全意地投入。

　　懷疑主義者的懷疑並不是停留在表面資訊上，而是表現在內心的疑問上，即外表背後所隱藏的內心。他們總是習慣性地探尋現實世界的深層含義，並希望能夠透過表象看到本質，因此他們會非常偏執地去思考對方話語背後的意義、去探究對方的笑容背後所隱藏的本質，希望自己能夠發現所隱藏的一些意圖，對於他們來說懷疑並不等於不信任。

懷疑主義者的懷疑出現在失去他人的支持之後，對於他們來說，自己需要他人不斷地支援和引導，否則就算獲得了成功，他們的內心也會覺得十分沮喪。當懷疑主義者失去了原有的支持，開始尋找新的權威時，內心就會變得敏感、多疑、焦慮，沒有安全感。

除此之外，懷疑主義者對未來總是有一些悲觀的想法，希望自己可以做好充足的準備來應對意外的變化，因此他們的內心經常被自己虛構出來的未來折騰得焦慮不安。當生活中遇到逆境的時候，懷疑主義者會把自己的期望降得很低，讓自己保持一種謹慎的態度，應對自己對未知的恐懼和不安。

M在日常工作中，不但能夠根據老闆的指示出色地完成任務，也能根據政策的變化做出靈活的變動。最近，公司新開了一家分公司，老闆決定讓M去當新公司的經理。M內心雖然知道這是老闆對自己的信任和重視，但是他在接受任命之後，卻陷入了患得患失的困境當中，覺得自己身邊缺少了一個可以依賴的權威。於是，M就拿著自己新的企劃書到老闆面前徵詢意見，而這種徵詢有些時候會反覆好幾次，直到最後弄得老闆非常不耐煩，把他罵了一頓，而此時M心中才會感到踏實。

懷疑主義者性格上雖然比較矛盾，但是身上仍然有著非常吸引人的發光之處。懷疑主義者是具有高度責任感的，他們可以為了履行自己的責任和義務做出巨大的自我犧牲，而且非常重視自己所做的承諾。

在工作中，懷疑主義者也是可以發展友好合作的夥伴，他們能夠建立一個穩定合作的團隊，建構一個忠實可信的人際網路，進而讓周圍人的工作都十分高效。他們天生是解決問題的高手，可以在生活和工作中表現出遠見卓識以及強大的組織能力。

懷疑主義者在現實生活中非常容易得到同伴的認同，他們寧可委屈自己，也不會讓朋友感到不滿，人們可以放心地把事情託付給他們。雖

Part7　懷疑型人格：我們天生多疑

然有些時候他們表現得猶猶豫豫，但是只要能夠給予他們支持和肯定，把他們心中疑惑的地方解釋清楚，他們就可以出色地完成交代給他們的任務。

他們不喜歡周圍的環境變來變去，而且在團隊中能夠做到遵守紀律，不會因為一點挫折和困難就變得「不忠」。但是，他們也可以為了有價值的建議和想法冒險去挑戰權威、面對打擊，尤其是在自己的同伴需要支持的時候。

H是一家傳媒公司的業務骨幹，工作能力和人品都有口皆碑，和同事之間的人際關係也維持得不錯。由於公司最近處於低潮期，一個偶然的機會，一家獵頭公司關注到了他，用一個報酬是現在三倍的職位來拉攏他，但H最終卻選擇了拒絕。

H的朋友知道了這件事之後非常不解，就向其詢問原因。H回答道：「我在現在的公司很受老闆的重用，和同事們之間的合作也非常有默契，周圍的一切都在我期望的範圍之內，沒有必要冒險去另外一家公司。另外，雖然公司現在的狀況不好，但是我相信不用多久公司的狀況就會有所好轉的。」果然，兩個月之後，公司成功地扭轉了局面，H也因為自己出色的表現而升遷了，薪資翻了好幾倍。

懷疑型人格在不同階段的表現

懷疑主義者在健康狀態下可以表現出許多優秀的特質,能夠成為一個勇敢、迷人的朋友或者是一個忠實的夥伴。懷疑主義者在最佳狀態下,會讓自己內心的聲音與外界權威的評判保持一種和諧的關係,他們不再不停地懷疑自我,而是學會了肯定自己。

此時的他們不再刻意地追求外界給予的安全感,而是學會了從內心深處獲得鼓舞人心的力量,變得非常受人歡迎。此時的他們相信自己有能力處理生活中發生的一切,他們身上表露出平靜、果斷、沉著等成熟的氣質,而不再陷入悲觀的懷疑當中。

健康狀態下的懷疑主義者能夠在日常的社交中給予他人勇氣和信心,此時,他們的內心有一種不屈不撓的堅韌,對於生活中出現的各種挑戰也可以做到勇敢地面對,而不再是猶猶豫豫。他們不僅可以成功地做到獨立解決問題,也能和他人發展友好的團隊合作。

健康狀態下的懷疑主義者在社交中不會出現某一方處於支配地位的局面,彼此之間是平等的合作夥伴,可以做到相互支持和相互關愛。此時的他們擁有真正的安全感,那就是相信自己,故而他們也會相信值得他們信任的人。他人感受到他們的信任之後,同樣會用友好和信任做出回應。

但是,健康狀態下的懷疑主義者也不是總是很有自信的,有些時候他們會從與外界的連結和交流中得到自己想要的安全感。在這種情況下,他們會選擇透過強化已有的感情、同盟或者安全結構來確保自己的安全。

Part7　懷疑型人格：我們天生多疑

　　為了達到這樣的效果，懷疑主義者就會變得務實和負責，為了減少不必要的麻煩，他們會嘗試著把紀律引入自己的工作中，並將之貫徹、實施下去。此時的他們會對自己的工作感到自豪，並願意投身其中，為團隊做出貢獻，也願意對周圍的同事表現出應有的尊重。因為他們明白自己的安全感主要取決於自身所在的團隊，因此，他們更願意與他人協力合作以維持團隊結構的穩定，讓團隊更加穩固和健康。

　　K在工作中非常注重團隊成員之間的合作，也願意在工作中奉獻自己的力量，這讓K培養了良好的人際關係。他現在擔任部門主管一職，在公司算是一個比較年輕的中階管理職位，但是K卻從來不會因此而看不起下屬的能力，反而會對他們的創意和業績表現出應有的尊重。

　　K的這種表現讓朋友感到欽佩，於是就向K請教，K回答道：「公司是一個講究業績和團隊合作的地方，團隊不能進行有效配合的話，那麼業績肯定就會大打折扣。所以，在對他們的工作進行查缺補漏的同時，也要不間斷地表示肯定和認可，這樣才能激發他們的積極性，創造出更好的業績。另外，他們是我負責應徵進來的，不負責任地否定他們就是在否定自己。」K的朋友聽完之後，表示非常贊同。

　　當懷疑主義者處於一般狀態的時候，就會成為一個盡職盡責、忠誠可靠的夥伴，但也可能發展成為一個矛盾的悲觀主義者，甚至是一個挑戰權威的反叛者。在現實生活中，該階段的懷疑主義者一旦確定建立某種關係或者開始某項工作的時候，他們內心多疑的一面就會表露出來。

　　他們開始擔心周圍會出現某種不好的狀況，行為也開始變得小心謹慎，以防自己的工作出現失誤。他們會為了追尋自己想要的安全感更加努力地工作，甚至願意做出更大的奉獻，承擔更多的義務。此時，他們對自我的肯定已經消失殆盡，轉而從同行或者權威的認可中獲得安全感。

當懷疑主義者過分忠實於自己的責任和義務的時候，他們內心的焦慮就會加深，會變得越來越害怕失去盟友或者安全體系的認可。當他們意識到自己不能做到對所有的人或事忠誠的時候，他們就會透過一系列的測試幫助自己認清誰是自己真正的支持者，而這些測試讓他們最終變得越來越警惕多疑，讓人捉摸不定。

這時的他們不願從已有的觀念、知識、環境中走出來，開始對改變表現出抵制的情緒，認為改變是對自身安全的潛在威脅。因此，他們的思考和觀點會慢慢變得越來越狹隘、固化，以至於讓自己失去了原先條理清晰的推理能力。

在這種情況下，懷疑主義者由於與內心的權威失去了連結，不再相信自己，變得做事沒有主見，無法下定決心，因為他們內心沒有一個做出評判或者可以依賴的標準。

當懷疑主義者無法解決內心的懷疑和焦慮時，他們對於外部權威就不會再表現出順從的一面，而是成為一個質疑權威的反叛者。他們擔心矛盾和猶豫不決會讓自己失去盟友和權威的支持，便想採取一種補償的方式來證明自己並沒有焦慮不安、猶豫不決。但是，過度的補償會讓他們變得過分熱情而極具攻擊性，最終，懷疑主義者會變得卑鄙、刻薄、防範心很重，把周圍的人簡單地分成朋友和敵人兩類。

當懷疑主義者從一般狀態逐漸地滑入不健康狀態時，他們就會變得極端依賴別人和自我貶低，同時產生一種強烈的自卑感，覺得自己非常無能。他們認為自己在生活中被迫害姥，總覺得別人在算計自己，然後在極度的憂鬱之中喪失理性。

H 在生活中是一個依賴性非常強的人，在工作中也經常希望同事能夠提供自己一些建議或者參考，否則他就會覺得自己的工作哪裡出現了問題，然後遲遲不去行動。後來公司內部重組，H 到了一個新的部門，

Part7　懷疑型人格：我們天生多疑

這讓他覺得自己以往的安全結構被破壞了。

無奈之下，H只能按照公司的制度小心翼翼地做著自己的工作，生怕哪裡出現了差錯。重組之後的第一個星期，公司要求每個人都寫一份工作報告。H開始擔心自己的格式不正確，內容寫得不夠充實，遲遲不敢下筆。等到好不容易寫完了，又開始擔心自己的工作報告不能順利透過，遲遲不敢上交。最終H還是看了一下新同事的工作報告，才得到了一點安慰，讓疑慮減輕了一些。後來，隨著彼此之間的熟悉，H除了猶豫不決之外，又多了一個依賴他人的毛病。

懷疑型人格的情感世界

　　信任在每種人格的感情世界中都占有重要的位置，但是在懷疑型人格的情感世界中表現得更為明顯。不管是友誼還是其他親密關係，懷疑主義者都會選擇與一個能夠信任的人在一起，他們覺得只有這樣，才可以和對方一起聯手對抗這個充滿威脅的世界。

　　如果他們想要發展一段新的感情，通常會優先選擇自己所認識的人，他們覺得這樣做就可以不用透過種種試探來消除自己心中的疑慮，會更容易獲得彼此之間的信任。

　　懷疑主義者在情感世界中也非常渴求安全感，而安全感在相當程度上決定了他們在情感生活中的表現。他們在和別人交往的時候，會心存這樣一個疑慮，那就是如果自己表現得過於親近或依賴對方，會讓自己在這段感情中處於不利的地位。

　　這時候，他們就需要對方給出一些承諾，打消心中的疑慮。當他們確認對方是可以信任的人之後，就能真誠地對待這段感情，而且這段感情也能維持較長的時間。他們在感情交流中會遵守承諾，履行責任，以此來獲得對方的信任和支持。

　　對待感情專一而實際，這是懷疑主義者的優點，但是不要苛求他們在感情生活中帶來太多的新鮮感，平淡無奇、缺乏浪漫是他們的一貫表現。懷疑主義者在情感世界中能夠和對方一起面對外來的危險和挑戰，因此他們更容易感到快樂和幸福。

　　他們會非常善於解決情感中的問題，尤其是在感情遇到障礙的時候，懷疑主義者一定會堅決對外，守護好自己的伴侶，而不是相互推

Part7　懷疑型人格：我們天生多疑

誘。除此之外，懷疑主義者在解決問題的過程中也會表現出為對方著想的一面。在有些時候，他們還會認為情感對象的成功和利益，要比他們本身的利益或者成功更加重要，他們也願意在情感交流中奉獻自己。

　　G是一個不善於表達內心想法的人，但是他通常會用行動來證明自己對對方的關懷和愛護。有一次，G的女朋友加班做一個專案企劃書，沒有時間好好吃飯，G就在休息時間為女朋友做好她想吃的東西，然後送去給女朋友。除此之外，G還會為女朋友的企劃書想一些好的點子，幫她蒐集一些資料。當他的女朋友成功完成企劃書，並順利地通過之後，G表現得比他的女朋友還要開心，好像是他自己的事業獲得了不錯的成就一樣。G的這種表現讓女朋友非常滿意，也覺得很安心，不久之後兩人就訂婚了。

　　懷疑主義者具有很強的想像力和思考能力，這讓他們在享受浪漫愛情的同時，心中也會產生某種疑慮。因為他們總是能看到一些負面的狀況，害怕最初的甜蜜到最後會變成約束和傷害，所以他們便開始擔心兩人之間是否會出現裂痕、吵架之類的問題。

　　懷疑主義者這些「無謂」的擔心，造成他們會經常詢問對方是否真的愛自己。然而此時他們所表現出的懷疑，在懷疑主義者自己眼中並不是不信任，也不代表他們想要擺脫這段感情。因為表達自己內心的疑慮，對於他們來說只是一種贏得信任、緩解自己焦慮和不安的方法而已。

　　然而，懷疑主義者並沒有意識到，他們不斷誇大對方的作用，讓懷疑不斷加深，時刻思考著要怎麼處理最壞的情況時，非常容易把自己的情感推到懸崖邊緣，最終造成對方在這種緊張的氛圍下選擇離去。

　　在情感世界中，懷疑主義者更希望自己可以扮演一個奉獻主義者的角色，希望透過自己溫暖的關懷與堅定的支持來吸引對方。因為在他們內心深處是不願意自己的慾望被他人喚醒的，這會讓他們覺得自己存在

缺點，需要彌補。

因此他們在一段感情中會選擇一種方式來幫助對方實現目標，藉此來穩固自己在這段關係中的地位。他們此時的討好和付出，其實是為了讓自己感到安全，而不再是因為「他／她快樂所以我也快樂」。

懷疑主義者在長期的情感交往中，需要獲得大量資訊來消除內心的疑慮，他們會從情感對象的行為中探詢線索，想要知道行為表象下面是否隱藏了什麼，以此得到不間斷的肯定。此時的他們會把自己的感受投射到對方身上，他們覺得對方的表現不專一，其實更多的是因為他們自己患得患失。

這種不斷加深的疑慮讓他們變得非常焦慮、疲憊、敏感、害怕，當他們的妄想達到高峰的時候，就會從這段感情中逃離出來。

M 是一個非常擅長表現自我的人，他可以為女朋友提供各種服務，對於對方提出的要求也會盡可能去滿足，因為這樣會讓他覺得自己是有價值的，自己是被對方需要的。但是當他的女朋友表現出和他同樣的行為時，他就會產生這樣的疑慮：「她為什麼要這麼做？是我做得不夠好嗎？還是她想要藉此表達什麼？」

於是 M 就會變得心神不寧，總覺得對方在隱藏什麼。而 M 的這種猜忌被女朋友得知之後，兩個人的關係就陷入了一種尷尬的境地。最後女朋友忍不住生氣地問道：「你為什麼會這樣懷疑我？難道我不值得信任嗎？」

面對女朋友的質疑，他就把心中的擔憂告訴了對方。這時女朋友才明白，M 想要的其實就是一種肯定而已，自己以往開心地接受就是一種肯定，現在這種肯定沒有了，才導致 M 產生了疑慮。弄清了 M 心中的想法之後，兩個人之間的誤解也就沒有了。

Part7　懷疑型人格：我們天生多疑

懷疑型人格在職場上的表現

　　懷疑主義者在工作中能夠表現出很強的分析能力，尤其是在面對困境的時候，他們更能全力以赴地解決問題。因為他們會竭盡全力保證自己所處的環境不會變得缺乏確定性，他們的努力是想要把自己所熟悉的安全架構維護得更好。

　　懷疑型的員工經常會居安思危，他們會質疑現狀，想要弄清每個人的立場；也會質疑未來，經常思考將來會發生什麼事情。這讓他們在一定程度上保持著遠見，能夠敏銳地預感到危險的到來。

　　懷疑主義者在工作中會習慣性地將身邊的同事分成朋友和敵人兩大類，中間派對於他們來說是不存在的。他們在做事之前一定會先弄清楚什麼人是值得自己信任的，以此化解心中所存在的疑慮。一旦他們確認了周圍的人和環境是值得信任的，就會熱情地投入工作中，積極地承擔責任，保質保量地完成任務，藉此來證明自己的能力，好讓周圍的人更能接受自己，從而獲得一種安全的人際關係和工作環境。

　　懷疑主義者在工作中非常喜歡清晰的指示，這會讓他們覺得自己的行為有一個明確的目標，不用再去揣摩他人的心思。所以說明確的職責範圍和獎懲制度會讓他們感到心安，也會讓其在工作中表現得更加積極。另外，如果在工作的過程中，他們所提出的想法或者建議得到了認可，他們就會表現出更高的積極性和創造性。

　　與之相反的是，如果他們的工作遭到了拒絕和否定，他們就會變得非常糾結，往往會把問題加以放大和延伸，從工作能力聯想到其他各個方面，最後弄得自己無心工作，而是全力思考「他到底是在否定我什麼？」。

這時候，如果上司可以和他們真誠的談話，明確地告訴他們問題出在了哪裡，他們反倒可以做到「滿血復活」，重新表現出盡職盡責的一面。而這也恰恰說明，懷疑主義者的安全感其實來自他們對資訊的掌握程度，他們寧願獲得一些負面的資訊，也不願自己被矇在鼓裡。因為錯誤釐清了就可以改正，祕密則會有無數種猜想，會讓他們覺得自己被愚弄和控制了。

H 在工作中從來不怕老闆直截了當的責備，因為這會讓他快速、清楚地了解自己的問題出在哪裡，然後及時採取相關的彌補措施。可是如果老闆沒有告訴他哪裡出了錯，而是讓他自己領悟的話，他就會表現得非常焦慮，總是把各種情況都猜想一遍，從而把自己弄得頭昏腦脹。

有一次，H 因為晚上熬夜導致第二天早上上班遲到，又恰逢老闆前來巡視。老闆為了顧及 H 在下屬前的面子，就沒有直接責罵他。當 H 趕到公司的時候，老闆已經檢查完離開了，因此 H 也就不知道發生了什麼事。等到 H 去老闆辦公室彙報工作的時候，老闆表現得非常冷淡，對 H 的工作沒有做出任何評價，就讓他離開了。

H 出來之後就開始思考自己哪裡出現了問題，但是久久不能得出一個明確的答案，導致他一整天都沒法靜下心來工作。直到晚上下班的時候，H 才從同事口中得知發生了什麼事情。於是，H 馬上寫了一份關於遲到原因的說明並作出檢討，交給老闆，被老闆當面罵了一頓之後，H 心中的石頭才算落了地。

懷疑主義者在工作的過程中十分注重自己和同事之間的人際關係，因為他們內心的安全感與周圍人的認可程度有著密切的關聯。他們甚至會為了在熟悉的人際關係中工作而放棄一份高薪、穩定而環境陌生的工作。

他們希望自己和同事之間是平等、友好的，最好處於一種能夠互相

Part7　懷疑型人格：我們天生多疑

幫助和互相信任的環境中。而懷疑主義者的這種心態讓他們無法在競爭激烈的工作環境中出色地發揮。如果懷疑主義者所工作的環境中出現了一個非常強勢的同事，他們就會覺得對方破壞了平等的原則，於是他們就會表現出反抗強權的一面。

懷疑主義者如果在工作中是以主管的身分出現的話，他們通常是一個出色的危機處理者。在公司遇到困難的時候，他們會表現得更加堅定，注意力也會高度集中，因為他們所思考的問題已經出現在面前了，懷疑主義者此時要做的就是解決它們。

如果情況已經好轉，順利地度過了危機，他們的興趣和活力就會大大降低。因為懷疑主義者最在意的事情就是質疑和釋疑，當他們找不到競爭對象的時候，行動就開始變得遲緩，又會開始思考自己的決策是否周全。

懷疑型的領導者在解決完問題之後，需要獲得直接、真誠的回饋意見，而不是那些積極的想法。因為他們關注的是那些帶給他們麻煩的問題，打消他們疑慮的最好辦法就是告訴他們問題所在。

F 在一家傳媒公司已經工作了八年，做到了企劃總監這個職位。在月初的時候，F 所在的這家公司和另外一家實力強勁的公司一起爭奪一個大客戶，為此 F 帶領團隊加班超時地工作，終於做出了一份讓對方滿意的企畫，最終幫助公司拿下了這個大客戶。

隨後獵頭公司看到了 F 出色的工作能力，想要把 F 挖走，並提供了一份優於他現在工作很多倍的薪酬。但是 F 卻拒絕了獵頭公司的邀請，因為他覺得自己已經適應了現在的團隊和工作環境，到了一個新的環境中，自己不一定能獲得很好的發揮，跳槽存在太多風險。

除此之外，F 覺得現在的老闆非常看重自己的能力，對自己也非常不錯，沒有必要為所謂的高薪壞了自己的名聲。

怎樣與懷疑型人格相處地更好

在現實生活中，懷疑主義者的矛盾心理會成為別人與他們相處的最大障礙。尤其是處在逆境中的時候，他們內心的焦慮、敏感、多疑、不安等負面情緒就會表現得淋漓盡致。這就需要人們在與其相處的時候，一定要注意自己的方法和態度，這樣才能讓雙方的交流順利地進行。

懷疑主義者內心多疑的特性，讓他們的大腦經常處在一種對他人行為或者未來狀況的猜測當中。他們的注意力更容易集中在問題上，而不是其他正面資訊上。有時候他們非常順利地完成了一項工作，非但不會開心，心中還會存有這樣的疑慮：「事情真的就這麼簡單嗎？」

這裡要提醒人們在和他們相處的時候，要明確地表明自己的態度和目標，疏導他們的情緒，消除雙方之間的不確定因素，進而讓雙方的注意力都能集中在需要解決的問題上面。

此外，還要盡可能表現出自己的誠信，對於自己做出的承諾也要及時地兌現。如果出現一次言而無信的狀況，就會讓懷疑主義者對你今後的行為不斷地產生懷疑。所以在和他們交流的過程中，可以主動地詢問對方，自己是否有做得不到位的地方，或者有什麼做得不對的地方，這樣就可以有效地避免某些問題的出現。

懷疑主義者在做事之前，喜歡進行一番周密的思考，以防自己在做的過程中遇到一些預料之外的情況，耽誤自己的流程。這種習慣造成他們在做事的時候會表現出猶豫不決的一面。這個時候就需要我們有足夠的耐心，對他們的節奏給予應有的尊重，而不是一味地催促懷疑主義者。

Part7　懷疑型人格：我們天生多疑

　　除此之外，懷疑主義者也非常容易被那些具有吸引力、願意帶頭的人所影響，因為他們會覺得成為一個追隨者要遠比充當一個帶頭者安全得多。這裡也提醒人們，想要獲得懷疑主義者的注意和認可，就要在相處的過程中多證明一下自己的價值，用自己的熱情和真誠去感染他們。

　　M是一個特別善於和別人相處的人，不管對方多麼難搞，M都能找到一種適合對方的交談方式，並順利地完成任務。有一次，M所在的公司需要拓展新的使用者，很快就把目標鎖定在一個有潛力的客戶身上，但是很多人在和其交流的時候都無法成功地搞定對方，於是這個重擔就落在了M身上。

　　M認真研究了同事前去交涉的幾次經歷，很快就想好了應對策略，最後M不負眾望，成功地拿下了這個客戶。同事都非常好奇他是怎麼說服對方的，於是就前來請教。

　　M解釋道：「從前幾次的洽談經歷中可以看出，對方是一個疑心病很重的人，想要成功地說服對方，就需要拿出一些誠意來。這裡的誠意不是指那些虛幻的未來藍圖，而是能消除對方疑慮的資訊。我在和他談話之前，首先讓他看我們的企劃目標，隨後又將我們所遇到的風險和困難告訴他，整個過程都沒有提利益分配的事情。因為你只要提供對方想要的完整資訊，其中的利弊對方自然會考慮。太多的空頭支票反而會讓對方覺得你華而不實，對你心生疑慮。」眾人聽完M的解釋之後，紛紛露出了敬佩的神色。

　　懷疑主義者在生活中會不斷地製造壓力給自己，讓自己處在各式各樣的懷疑之中。他們為了消除內心的焦慮，通常會向身邊的權威或者值得信任的人徵詢意見。然而此時他們心中其實已經有了想法，真正需要的是肯定和支持，如果我們能提出一些言之有理的觀點，肯定他們的想法，會讓他們更加安心。

因為懷疑主義者的安全感來自於他人的引導和幫助，所以在和他們相處的時候，一定不要吝嗇自己的鼓勵和肯定，更要學會用「挑刺」來消除他們心中的疑慮。

一般情況下，懷疑主義者和別人建立一種人際關係是非常困難的，因為他們總是心存疑慮，並且特別在意別人的想法，希望從對方那裡獲得自己想要的安全感和幫助。因此，當懷疑主義者向你請求幫助的時候，一定不要急於拒絕，否則會非常容易傷害對方的自尊心。因此，就算自己幫不到他們，也要盡可能地將原因直接說出來。

但是，這並不意味著他們喜歡別人用「肯定」、「一定」等語氣篤定的詞語來鼓勵他們。因為在懷疑主義者的心中沒有什麼事情是一定的，當你用「一定可以、肯定行」此類的話語來回應他們的時候，他們會覺得這是一種敷衍的說辭，會讓他們非常反感。

在現實生活中，懷疑主義者希望可以透過一種安全、穩定、團結的方法來解決問題，因此他們非常討厭競爭，畏懼衝突。但是懷疑主義者內心的多疑和恐懼，會讓他們在逆境中有截然相反的兩種表現，那就是順從和抗拒，而且他們心中的憤怒一旦被激發，就會反應過度，表現出遠超常人的破壞力。

這裡要提醒人們在和懷疑主義者相處的時候，要能夠在其焦慮的時候給予適當的引導和化解，讓他們恢復信心，而不是讓其在壓抑之後來一次徹底的大爆發。

J在生活和工作中都不是一個特別有自信的人，他習慣在做決定的時候向周圍的朋友徵詢意見，但並不是所有的意見都能讓他變得有自信。

有一次，J根據自己對市場的調查做了一份研究報告，但是在上交之前，J非常擔心自己的報告會存在一些問題，從而引發上司的不滿。於是他就先讓朋友L看了一遍，L看完之後提了好幾條建議，J把這些建議記

Part7　懷疑型人格：我們天生多疑

下來之後滿意地離開了。

　　此時，L旁邊的一個人問道：「他的研究報告中真的有這麼多問題嗎？」L回答道：「他的工作報告我非常滿意，但我要是說沒問題的話，他就會無止盡地糾纏下去，完美對於他來說是不存在的，只有問題才能讓他放心。」

懷疑型人格的自我心理調適

懷疑主義者內心揮之不去的質疑、矛盾，造成他們面臨發展的受限。如果懷疑主義者想要在日常的社交中展現出一個更好的自己，就需要他們進行一系列心理調適，讓自己能夠清楚信任自己和別人都是一件非常自然的事情，生活中沒有必要存在那麼多猜忌，也不要總把別人看作是沒有能力的平庸之輩。

除此之外，要發揮自己的想像力去設想和表達正面結果，而不是透過想像去製造一些不會出現的問題，不要把自己面對的困境放大，讓自己變得焦慮不安。

懷疑主義者在行動的過程中會出現拖延，因為他們總是習慣在做事之前進行一番周密的思考，想要把所有可能出現的問題都扼殺在萌芽中。正常的焦慮和擔憂可以成為懷疑主義者一種可貴的特質，讓他們能夠做到未雨綢繆、居安思危。但是一旦這種焦慮和質疑被不加節制地放大後，他們的注意力就會從問題本身轉移到問題的可能性上，把大部分時間都用在猜測上，而不去行動。

這就需要懷疑主義者能夠及時地安撫心中的焦慮，疏導自己的情緒，以防不斷地在心中積壓猜疑，最後變成一種自己不能控制的過激反應。

懷疑主義者內心的懷疑情緒，實質上來自於他們主觀上的畏懼感。他們害怕自己的表現不夠優秀，得不到同事或者上司的認可，進而受到冷落；他們也會害怕自己表現得鋒芒畢露，引起周圍人反感，進而遭到孤立。

Part7　懷疑型人格：我們天生多疑

所以，他們總是小心翼翼地工作，每做一個決定都希望得到身邊人的幫助或者認可，因為這樣他們就覺得不再是孤軍奮戰。懷疑主義者的懷疑特質，造就了他們對身邊人的依賴心理；他們對於安全感的過度需求反而加劇了他們內心的不安，阻礙了他們的進一步發展。這裡要提醒懷疑主義者，真正的安全感來自於內心的力量，而不是透過否定自己，讓外界的聲音來判斷自己的選擇是對還是錯，要學會相信自己，肯定自己。

有些時候，懷疑主義者會無法分辨哪些畏懼是因為自己的想像，哪些畏懼是有事實依據的。這些錯綜複雜的恐懼會不斷地加劇他們內心的焦慮，進而讓他們無法對現實狀況做出清晰、準確的判斷。這時候他們要做的是一步一步地接近自己的目標，而不是停滯不前，漫無目的地懷疑，更不是採取某種過激的行動來掩飾自己的內心。

懷疑主義者應該學會透過現實來檢驗自己的畏懼感，把心中的擔憂告訴一個值得信賴的朋友，透過對方的反應來判斷自己的想法和懷疑是否客觀，讓自己快速地從懷疑的漩渦中走出來。

H 是一個心事很重的人，總覺得未來一不小心就會超出自己的掌控，因此他在做事的時候總是思前想後，以確保自己的選擇和決策不會出現什麼漏洞。這樣做，在某種程度上確保了他工作的準確性和目的性，但也讓他內心的猜忌不斷地膨脹，最後他只相信自己的能力，對於別人的表現和能力總是提出不同的質疑。

有一次，H 生病不得不請假在醫院休養，而公司為了保證工作的順利進行，就把他手中的工作交給了 M 來處理。當 H 聽說了這個決定之後，內心變得非常焦慮，因為他總是覺得除了自己沒人能做好手中的工作。等到 H 的病情好轉之後，並沒有好好地休息一下，而是在第一時間趕到了公司。當 H 從上司那裡得知 M 很好地完成了自己剩餘的工作之

後，內心並沒有感到輕鬆，而是回到辦公室把 M 所做的工作認真地研究了一遍，這才減輕心中的懷疑。

懷疑主義者在社交過程中，總是習慣性地和他人劃清界限，對身邊的人進行「敵我」劃分，然後對敵對的人表現出抗拒的一面，尤其是在對方表現得比較強勢的時候。

懷疑主義者在有些時候會表現出對控制和保護的過分追求，希望把別人納入自己所認為的安全架構當中。當別人不願進入他們所建構的系統中時，他們就會表現出敵意和猜忌。這裡要提醒他們，任何人無論在哪種環境下，都不能要求別人的表現和自己是一致的，因為每個人都有自己的選擇和認知，要學會正確地表達心中的關懷和尊重。

權威在懷疑主義者的生活中是一個非常重要的存在，因為他們總是習慣性地徵詢權威的意見，權威的認可和讚賞在某種程度上就是他們內心想要的安全感。他們為了獲得權威的認可，不僅在工作中盡職盡責，還會承擔太多責任，也願意做出一些犧牲，有些時候他們甚至會給人一種討好的感覺。

然而，當他們一系列的付出得不到想要的回報時，他們就會表現出一種強硬的反抗，讓現實狀況變得失控。這裡要提醒懷疑主義者，不要讓外界的聲音成為唯一的評判標準，真正的權威應該是自己，要學會公正、客觀地評價自我，這樣才能讓自己得到更好的發展。

懷疑主義者的精神時刻都處在一種緊繃的狀態中，停止思考對於他們來說就像生活失去了方向。他們會不斷地透過思考和懷疑來減輕心中的恐懼和疑慮，出現新情況的時候，就會開始新一輪的懷疑和思考。

這種越來越頻繁的自我懷疑，非常容易讓他們把對自身的懷疑轉移到別人身上，認為別人簡單的言談舉止隱藏著深意，很有可能就是在質疑自己的能力。這種無止盡的懷疑和思考不僅會讓他們用言語取代自己

Part7　懷疑型人格：我們天生多疑

的實際行動和內心的真實感受，更會讓他們變得妄自尊大，暴躁不已。這時候就需要懷疑主義者學會自控，學會簡單明瞭地表達自己心中的疑惑，透過交流和溝通來消除心中存在的疑惑，而不是用猜疑來加深彼此之間的誤解。

K是一個習慣憑藉感覺做事的人，但是他通常不會透過語言交流來證明自己的猜測，而是在腦海裡無止盡地思考對方為什麼會這樣做，把自己的感覺當成一種既定的事實。

有一次，K路過辦公室的時候，遇到了從辦公室裡走出來的J，但是J並沒有像平常一樣跟K打招呼，而是看了他一眼後就躲到了一旁。K回到座位上之後，就開始思考J為什麼會躲避自己，難道他在辦公室說自己壞話了？下午開會的時候，主管指責了業績下滑的人，其中就有K。

此時K立刻想起了J對自己的態度，然後就把業績下滑的事實拋開，開始一味地思考自己是不是哪裡得罪了J。他苦苦思索卻得不到答案，也沒有去詢問J，而是在相處中刻意地和J保持距離，把J歸類到「敵人」的行列當中。後來等到J辭職的時候，K才把心中的猜疑說了出來，J聽完之後笑著回答道：「我當時只是以為你聽到了上司對我的指責，我有點不好意思而已。」

懷疑型人格與其他人格的碰撞

懷疑型人格與完美型人格經常被認為是同一種人格類型，因為他們在待人接物方面有很多相似的地方。這兩種人格在處事的過程中都會表現出質疑、警惕和焦慮等特點，在做事之前也都習慣做好充足的準備工作，從而做到無懈可擊。

當他們心中產生疑惑的時候，也都喜歡刨根問底。但是這兩類人質疑的目的其實是不同的：懷疑主義者的質疑是為了找出哪裡出現了問題以及事態發展可能出現的糟糕局面，他們的最終目的是為了獲得內心的安全感和確定感。完美主義者的疑惑是試圖解決錯誤，避免他人的批評，維護他們自身的完美形象。因此當他們在社交的過程中都表現出了懷疑的時候，他們之間的相處就會非常容易產生各種問題。

完美主義者和懷疑主義者在工作中都會盡職盡責，他們都期望透過自己的努力獲得他人的認可。但是這兩類人在工作中並不能做到完全的契合，完美主義者會表現出對規則的遵守，對於工作中的階級分層也會表現出自己的認可，並能順利地適應。

懷疑主義者則不同，他們對規則總是報以懷疑的態度，尤其是當他們面對完美型的上司時，他們更容易表現出自己的抵抗心理，甚至還會鼓動身邊的人一起反抗強權。因此懷疑主義者對於強勢的領導者，要麼俯首稱臣，要麼選擇揭竿而起，而他們反抗的對象往往是那些只會關注問題，不會讚賞下屬的完美型領導者。

完美主義者和懷疑主義者會因為共同的理想和付出而在情感上保持良好的關係。除此之外，他們在逆境中也會表現出相似的價值觀，會為

Part7　懷疑型人格：我們天生多疑

了一個共同的目標選擇一起奮鬥，讓雙方的感情升溫。但是這種和諧的局面非常容易被對方的猜忌所打破。

懷疑主義者和完美主義者都可以被稱作負面思維者，他們都會在不同程度上讓自己行動變得遲緩，完美主義者會表現出對錯誤的敏感，懷疑主義者則會展現出對成功的疑惑。當延遲出現的時候，他們就會忍不住去揣測對方的想法，最終導致雙方的關係變得微妙起來。

F和G在同一個辦公室工作，當他們的工作沒有衝突和交集的時候，雙方都能做到和諧地相處，一旦兩人共同處理一件事情的時候，兩人之間的關係就會非常容易受到影響。

在公司年度慶典前夕，F和G一起負責做一個店慶企畫。接到這個通知後，兩個人沒有表現出任何興奮，反而都眉頭緊皺。F想出了一個企畫想法，但是G卻覺得這個企畫太簡單了，不應該這麼草率地決定；而F則百般地針對G提出的想法尋找漏洞。這樣重複了幾次之後，F認為G是在有意和自己對抗，G則認為F是故意刁難，但兩人都不願把自己心中的疑慮真實地表達出來，造成雙方的合作陷入崩潰的邊緣，最後還是透過主管的強勢介入，才讓他們二人勉強地拿出了一個都能接受的方案。但是自此之後，F和G再也沒有合作過。

而實踐型人格是懷疑型人格在壓力狀態下的一種表現，懷疑型人格則是實踐型人格的安全類型。因此這兩類人都會表現出賣力工作、深思熟慮的一面。不同的是，實踐主義者在安全狀態下並沒有那麼多顧慮，他們為了完成工作可以做到相信別人，並能夠展現出自己積極的一面。

而懷疑主義者在壓力狀態下，內心的憂慮則會加深，他們在工作中會表現出拖延的一面，因為他們需要克服自己心中的疑慮後才會開始行動。除此之外，實踐主義者會因為別人的贊同和認可感到高興，他們十分享受成功帶來的喜悅感。懷疑主義者則恰好相反，他們在逆境中會表

現出自己的韌勁，但是在成功就要到來的時候則會產生懷疑，他們總是習慣把問題複雜化，無法做到坦然接受輕而易舉的成功。

觀察者和懷疑主義者之間也存在著不同程度的差異，觀察者通常會忽視或者壓抑自己內心的感受，直接乾脆地表達自己內心的想法，他們關注點在自身。而懷疑主義者在表達的過程中則喜歡求證，藉此來減輕自己心中的疑惑，也習慣把自己放在團隊當中，期望自己的付出能夠得到團隊的認可。他們對周圍的事物也會做出熱情的反應，甚至會誇大自己遇到危險時的恐懼，以便能夠引起周圍人的關注和保護。

N是一個喜歡在做事的過程中不斷求證的人，他通常希望別人能夠提供一些資訊和建議來讓自己的想法更全面。對於他來說，別人的建議是生活中不能缺少的一部分，就算是再簡單的事情，他也希望能夠在別人的建議下完成。N總覺得別人能夠發現自己看不到的錯誤，而這個錯誤應該在做決定之前發現並解決。

有一次，上司臨時讓N寫一份工作報告，由於時間緊急，他只好硬著頭皮寫了一份。報告上交之後，N還是忍不住地回想報告的內容、格式、語氣有沒有出現錯誤。過了兩天，上司還是沒有找他談話，N就忍不住詢問上司，報告是否順利地通過。上司雲淡風輕地說了一句：「報告寫得沒問題啊！」但是這句肯定並沒有打消N的疑慮，反而因為上司面無表情的回應，陷入了新的一輪自我懷疑中。

Part7　懷疑型人格：我們天生多疑

Part8　享樂型人格：人生得意須盡歡

新意和熱情是支撐起他們愉悅心情的兩大基石，他們希望可以富有創造性地度過每一天，因此他們能夠快速地接受新的創意、環境和人群，在事情的初始階段能夠積極地帶動周圍的氣氛，讓大家對未來充滿美好的憧憬。

Part8　享樂型人格：人生得意須盡歡

享樂型人格的特徵

　　享樂主義者在現實生活中通常帶給人快樂天使的形象，即使深陷困境，他們仍然可以保持樂觀的態度。對於他們來說，所有行為的最終目的就是過得快樂。他們會把自己的注意力集中在對美好未來的規劃上面，煩惱和憂愁則會選擇拋之腦後。

　　這種處事態度讓他們內心非常嚮往自由，討厭一切形式的束縛，所以不要期望快樂的他們會做出某種承諾。除此之外，他們還會用快樂的精神參與一切活動，把所有的事情都看成快樂的事或者是能夠帶來快樂的事。當他們深陷不愉快的狀況中時，他們則會選擇逃離到愉悅的幻想中。

　　享樂主義者在做事的過程中，需要保持高度的興奮，才能確保自己的工作效率不會降低。這讓他們能夠高效地做好那些對時間要求較緊的工作；然而在面對需要耐心、性質單調乏味的工作時他們就會覺得非常難受。因為新意和激情是支撐起他們愉悅心情的兩大基石，他們希望可以富有創造性地度過每一天，因此他們能夠快速地接受新的創意、環境和人群，在事情的初始階段能夠積極地帶動周圍的氣氛，讓大家對未來充滿美好的憧憬。

　　然而，享樂主義者雖然喜歡新奇，卻非常害怕危險，他們在日常的社交中也會避免與他人發生直接的衝突，因為這會影響他們的愉悅心境。他們一旦有過不愉快的經歷，之後就會對此類事物保持一定的安全距離。

　　享樂主義者在現實生活中是非常惹人注目的，因為他們擁有吸引他人的才藝，而且他們還會主動地把原本枯燥的生活調劑得多姿多彩。他

們不僅享受著自己所發現的、原本就存在的快樂，還會不斷地製造新的快樂。而他們對未來樂觀的態度能夠好好地鼓勵他人，讓對方接受他們的積極暗示，成功地度過工作或情感上的危機階段。

G在生活中是一個特別會帶動氣氛的人，他所出現的地方經常會充滿歡聲笑語。他在生活中遵循著這樣一句話：「快樂是一天，不快樂也是一天，為什麼不快樂地度過一天呢？」有一次，G所在的工作團隊遇到了一個非常大的難題，當所有人都愁眉不展、想要放棄的時候，G則積極地鼓勵身邊的同事，讓大家打起精神，成功地解決了那個難題。事後在召開表揚大會的時候，主管第一個表揚的人就是G，認為正是G樂觀的態度，才促使大家相信能夠解決掉這個難題，進而願意堅持下去。

在現實生活中，每個人都或多或少需要一定的自戀心理，來維持自己的幸福感。但是，如果我們過於沉迷其中，就會帶給生活很大的困擾，甚至視而不見那些對自己正確的建議。

享樂主義者就是這樣一類人，他們堅信自己是出類拔萃的，在生活中也更願意將注意力放在那些能帶給自己愉悅的事物上，享樂主義者喜歡這種積極樂觀的情緒。但是，如果他們對於樂觀的追求不加以控制，不能正確地對待自戀這種心理，久而久之就會讓他們的價值觀中陰暗的一面展現出來，讓自戀發展成自我欺騙，進而不能客觀地面對現實。

除此之外，過度自戀會讓他們只關注自己的安排和快樂，對於他人則表現得有點漠不關心，這讓他們在社交的過程中非常容易被別人誤解。

此外，享樂主義者總是渴望探索一些新的領域，做一些他人沒有做過的事情。生活對於他們來說就是要嘗試不同的事物，長時間地做一件事會讓他們覺得自己的時間和空間被侵占了，這是他們所不願意接受的。所以，他們在生活中會讓自己擁有多種選擇，為自己安排一系列備

Part8　享樂型人格：人生得意須盡歡

份計畫，並把這種做法當作自己避免對單一任務做出承諾的工具。然而，他們這樣做的結果往往是因為準備了太多的計畫，造成他們無法專心地投入其中任何一個計畫當中。

除此之外，享樂主義者還是一種對變化情有獨鍾的人，因為變化能夠不斷地滿足他們對感官刺激的需求。不過這也讓他們無法達到定性，還會經常因為自己期望太多，招致一些不必要的麻煩。

其實，享樂主義者並不是不知道自己不可能一直快樂，也知道喜怒哀樂是一種很正常的情感現象，但是他們是幾乎沒有忍受痛苦的能力的，他們習慣用豐富和高亢的情緒來掩飾自己的失落。這樣他們會非常容易對現實產生一種逃避的心理，將注意力放在自己願意看見的事情上面，哪怕他看到的並不是真實的。

F是一個喜歡準備周全的人，他在做決定之前總是習慣性地多制定幾個計畫，希望可以做到廣撒網，多撈魚。但是他的這種想法在現實生活中卻經常碰壁，因為退路的存在讓F總是不能做到全力以赴。

有一次，F針對公司的計畫和自己的想法制定了多個實施策略。這本來是一件好事，但是F並沒有因此受到表揚，也沒有把工作做得更好。因為每當一個策略在執行過程中遇到了困難，F就會選擇實施另外一套方案，最終導致他對每套方案都是淺嘗輒止，根本做不到深入地執行，更不要說用這些方案來解決實際問題了。等到最後沒有時間的時候，F只好隨便選擇一套方案應付了事，白白浪費了自己的時間和精力。

享樂型人格在不同階段的表現

享樂型人格在現實生活中被分為三種狀態，分別是健康狀態、一般狀態和不健康狀態。每種狀態在發展過程中都會表現出不同特點：健康狀態下，享樂主義者可以發展成入迷的鑑賞家、熱情洋溢的樂天派、多才多藝的全才；一般狀態下，享樂主義者可以成為一個經驗豐富的鑑賞家、過度活躍的外向型以及過度追求愉悅的享樂主義者；不健康狀態下，享樂主義者則容易成為一個衝動的逃避現實者，甚至還會產生某種瘋狂的強迫行為。

享樂主義者在最佳狀態下，有足夠的信心來面對生活中所有的真實狀況，他們對生活的堅強信仰，就是他們最大的快樂泉源。他們不會因生命本身的脆弱而感到焦慮，而是能夠真正地讚賞生命本身所呈現出來的面貌。他們能夠從生活的點點滴滴中汲取營養和快樂，而不是透過幻想或者逃避來保持自己興奮的狀態。

此時的他們懷著感恩的心，把生活中所遇到的每件事情都當作是一件禮物，而不是當成一種為滿足他們需要而存在的東西，而且他們也不會為快樂新增許多附加條件。

然而健康狀態下的享樂主義者，也並非總是處在一種心理高度平衡的狀態。事實上，他們也會出現不同程度的焦慮，也會擔心自己的需求無法滿足。雖然此時他們仍然表現得非常積極，精力很旺盛，也會展現出熱情洋溢的一面。但是他們的內心總是在期待著下一件事，還沒有消化好當下的經歷、經驗，就開始預期未來。

此時，他們注意的焦點是外部世界，他們的興奮、激情、愉悅也大

Part8　享樂型人格：人生得意須盡歡

多來自外部的感官刺激。他們想讓自己的內心保持一種快樂和興奮的狀態。

當享樂主義者開始擔心自己的快樂和興奮會消失的時候，他們對生活就慢慢地產生了一種實用主義的態度，然後會努力讓自己變得多才多藝，進而來保證自己的自由，讓自己擁有可以獲得快樂的經驗或能力。

此時的他們會展現出強大的生命力和高漲的生活熱情，盡情地釋放自己的創造力，讓自己變得更有價值，然後再表現出自己興趣廣泛、潛力無窮的特質。

H是一個十分討厭一成不變生活的人，他覺得機械性的重複對於自己來說就是一種煎熬。他會努力地讓生活充滿變化，不斷地用一些新的東西來充實自己，或是讓注意力投入一個新的領域當中。這就讓他的生活總是充滿新鮮感和激情，而他也成了朋友眼中最新潮的人，如果有什麼新生事物不太熟悉，都可以向H尋求幫助。而H也非常樂意對別人伸出援手，別人的欣羨總是會讓他覺得非常享受。

健康狀態下的享樂主義者會更加關注生產和創造，一般狀態下的享樂主義者則表現出了對消費和娛樂的興趣。一般狀態下的享樂主義者，經常會擔心自己如果只是將注意力集中在一兩件事情上面，就可能讓自己錯過更多感受快樂的機會，所以他們會不斷地把注意力分散，然後再去進行嘗試。

在這種狀態下，享樂主義者覺得自己只有經歷得更多，擁有得更多，才能獲得更多的快樂。此時，他們的內心是焦慮的，他們總是在不斷地做著一件又一件事情，讓自己快速從一個領域轉入另一個領域中。但是享樂主義者卻無法用足夠的時間讓自己專注於一個領域，並真正地去掌握它。他們就像果園裡的猴子一樣，摘一個水果扔一個水果，最後內心只剩下了焦慮。

享樂主義者做得越多，對自身經驗活動的種類和品質就越沒有判斷力，但是他們又會因為害怕無所事事而產生更大的焦慮。此時的他們會不停地讓自己參加各種活動，以維持種種感官刺激以及對自我的感知，從而獲取新鮮的經驗。

他們的生活節奏會變得非常快，以至於享樂主義者對思考自己的行為或停下來反省沒有絲毫的興趣。在這種狀態下，享樂已經成為他們活動的基本指導原則，一旦他們覺得做這件事沒有快感，就會立刻轉移到另外一件事情上面。

等到享樂主義者喪失消化吸收經驗的能力之後，他們就會失去自己的主觀認知，不再思考自己做這件事的意義，而是追求做了就開心的心理。此時他們內心的憂傷和恐懼也會日益加劇。享樂主義者開始因挫折而變得焦慮，想要獲得更多的東西。

擁有大量的財富成為他們快樂與否的重要標準，他們認為只要有了錢，就可以買到自己想要的一切東西，包括快樂。享樂主義者的生活方式開始因為過度地追求享樂而變得放縱、鋪張，最終成為貪婪的消費者。

當享樂主義者開始注意到他們所從事的活動並不會帶給自己太多的快樂時，他們內心就會產生一種逃避的情緒，會否認現實狀況，活在自己幻想出來的愉悅經歷中。此時，他們就會進入一種不健康的狀態中。享樂主義者對於任何能夠讓自己快樂的事情都不抗拒，開始沉迷酒色，縱情享樂，變得無法集中注意力，不能和外界進行真正有意義的接觸。

N是一個典型的享樂主義者，他總是把生活弄得非常忙碌，總是在不停的奮鬥中追尋能讓自己愉悅的經驗。一旦他的行為變得停滯或者遲緩，他就會產生一種自責的情緒，覺得自己可能已經浪費掉了體驗快樂的機會。由於他總是在追求新的嘗試，想透過嘗試帶給自己愉悅的體

Part8　享樂型人格：人生得意須盡歡

驗，因此他在做事的時候很難一心一意，而總是在想著另外一件事。

這種表現讓 N 很難體驗自己當下所做的事情到更深的層次，以至於他慢慢地失去了消化吸收當下經驗的能力。這讓他的內心變得更加焦慮和暴躁起來。最後，N 開始追求簡單、直接、暴力的感官體驗，藉此來逃避自己在現實生活中遇到的困境。

享樂型人格的情感世界

　　享樂主義者會透過與他人分享美好的事物，來建立自己想要的情感關係。他們也願意運用各種方法來保持雙方的親密關係，前提是他們覺得雙方的關係有著無限的可能，他們會因此表現得非常興奮和滿足。

　　享樂主義者喜歡去嘗試所有的美好，渴望自己的情感世界充滿刺激和激情，但是他們不會為了一棵樹木而放棄一片森林。他們在現實生活中的真實反應是，身體待在一片森林中，而眼睛卻已經迫不及待地轉向了另外一片森林。所以不要期待他們可以完全地投入到一段感情當中，他們不僅會對情感中的重複現象感到枯燥乏味，也會非常在意承諾帶來的束縛感。

　　享樂主義者會為了保持自己的生活興趣而不斷嘗試新的事物，追求各種不同的新鮮感，然後把自己的每一種想法都實行一遍。所以一般情況下，他們不會有專注於一段感情的想法。

　　享樂主義者對待感情十分樂觀，他們選擇開始一段感情是因為他們感受到了快樂，或者他們認為這段感情能夠為自己帶來快樂。他們會透過與他人一起共事，討論一些自己感興趣的話題，測試自己是否要與對方建立感情關係。

　　其實這種方式是極具冒險性的，因為這樣的交流往往會讓他們把注意力放在自己想要的那一方面上，進而忽略掉了生活中平淡無奇的一面。當問題出現的時候，享樂主義者會選擇讓自己不停地忙碌起來，讓雙方沒有時間去討論遇到的問題，這也是他們的感情不能長久的原因之一。

Part8　享樂型人格：人生得意須盡歡

K 在生活中是一個公認的「花心男」，他身邊的女朋友總是在不停地更換，每段戀情基本上都維持不了太長的時間。剛開始的時候，K 身邊的人還不同程度地表現出了對他的羨慕，但是到了最後就只剩下鄙視了。

後來，K 身邊的一個朋友實在看不下去了，就問道：「你這樣馬不停蹄地更換女朋友，有意思嗎？」K 回答道：「我沒有覺得這樣有什麼不好的啊！每種類型不都嘗試一下，怎麼能確定我身邊的這一個就是最好的選擇？或許下一個人會更適合我呢。」朋友聽完之後，雖然感到非常無語，但是卻不知道該怎麼去勸說 K。後來 K 身邊的朋友都結婚了，他仍然是獨自一人，而且還在不斷地尋找中。

享樂主義者在交往的過程中，希望可以從對方身上映照出自己高大的形象，當同伴對自己非常崇拜時，他們內心就會感到非常滿足。一旦對方對其表示了質疑，或者讓他們覺得自己的能力趕不上對方時，享樂主義者就會做出一副對對方毫不在乎的樣子。除此之外，享樂主義者也無法接受情感中的責備和衝突，因為這些狀況會讓他們的內心產生一種挫敗感，無法享受愉悅情境。

享樂主義者憑藉自己天生樂觀的特質，非常容易讓對方的壞情緒快速地消散，重新振作起來，因為他們無論遇到何種情況，總是能找到快樂的理由。這一點會讓他們擁有不錯的人緣，讓自己的情感世界變得活潑、快樂起來。

然而，享樂主義者在情感世界中，也會展現出其不願面對負面情感的一面。他們總是習慣用快樂的情緒來替代負面的感覺，把注意力轉移到能夠給自己帶來快樂、能夠讓自己繼續前行的方面上。

如果此時他們的同伴無法從痛苦中解脫出來，他們就會認為自己的樂觀情緒被限制了。這時他們會為了迴避同伴的負面情緒，選擇將自己抽離出來，進而造成雙方情感上的疏離。

享樂型人格的情感世界

享樂主義者在其情感世界中的選擇是充滿變數的，他們在行動之前通常會設計好幾套方案，隨時都在進行調整。如果一種方案出現了失誤，或者他們對此感到了厭倦，就會馬上讓自己投入下一項活動當中，而他們所調整的方向就是能夠帶給他們快樂的。在這個過程中，他們選擇之後有沒有去做，或者做了之後有沒有得到預想的效果都不重要，他們只要能夠從選擇的可能性中體驗快感就足夠了。

生活對於他們來說，最大的苦惱就是選擇被限制了，或者是能夠非常清晰地預測自己行為的結果，他們會因此覺得非常無趣，變得悶悶不樂。因為他們覺得生活最大的樂趣和刺激，就是有無限的可能可以去嘗試，而自己的選擇又不會受到限制。

享樂主義者不僅不喜歡身邊的人不快樂，也不喜歡這個世界表現出悲觀的情緒，他們覺得世界上所有不快樂的事情，都是庸人自擾。他們在情感世界中更多的是強調當下的享樂，或者是去做一些能讓自己興奮起來的事情，而不是沉浸在往日的憂傷中，而且他們也不會被未來的恐懼所籠罩。

L是一個天生的樂天派，在生活中基本上看不到她難過的時候。她每天不是興致勃勃地做著一件事情，就是積極地嘗試一些新鮮的事物。當她看到身邊的人眉頭緊皺、悶悶不樂的時候，她總是會用自己的一套理論去安慰對方，然後把對方也拉入快樂的陣營當中。

L做事的原則就是快樂至上，所有影響自己心情愉悅的事物通通都要靠邊站，如果當下的事情阻礙了自己追尋快樂的腳步，她就會毫不猶豫地將注意力轉移到別的事情上面。例如，L更換工作最直接的原因不是因為工作太累，薪酬太低，而是她對這份工作失去了新鮮感。L會覺得重複性的勞動奪去了自己因工作獲得愉悅經歷的可能，這是她所不能接受的。

Part8　享樂型人格：人生得意須盡歡

享樂型人格在工作中的表現

　　享樂主義者是對工作環境要求比較高的一類人，他們不喜歡被條條框框所約束，喜歡權力平衡，因為這樣他們就不用聽從別人的指揮，可以盡情地享受自己所追求的自由和舒適。所以在現實生活中，越是自由的工作，他們越能出色地發揮，如果工作與他們的興趣相符合，他們就非常容易做出一番成績。

　　除此之外，享樂主義者在工作中還是那種喜歡不走尋常路的人，就算他們的想法在別人眼中是不切實際的，他們仍然會堅持採用自己的方法，不願屈從於現實的常規。在他們看來，想法和理論要比實際執行重要得多，他們所追尋更多的是擁有選擇帶來的愉悅。

　　享樂主義者在工作中能夠快速地融入一個新的環境，開始一份新的工作，他們是學習的能手和快手。生活和工作中的新鮮感會讓他們興奮，讓其全身上下都發散出昂揚的鬥志。所以，每當開始一份新工作的時候，他們總是能表現出超乎常人的熱情。但是，一旦這個工作或者專案要持續很長時間，而在工作的過程中又不會持續出現令他們感興趣的事物時，他們的注意力就會轉移。享樂主義者在工作中很難做到善始善終，除非是一些簡短的工作。

　　享樂主義者喜歡節奏較快，能夠讓他們有多種行動可能的工作，按部就班、死氣沉沉的工作環境會讓他們覺得枯燥乏味，進而會讓他們產生逃離的衝動。對於享樂主義者來說，工作的過程要比結果重要得多，他們喜歡上司在安排任務的時候，只提供一些概括的安排，具體的細節可以讓自己在實踐中研究並決定，因為他們大部分的快樂來自於每一個想法所代表的一種可能。

在工作的過程中，享樂主義者並不在乎上司做了什麼、說了什麼，比起上司的關注和認可，他們更在乎同事的認可。在必要的時候，他們會選擇站在權威的立場上，推翻原有的規則，重建一套新的規則來逃避約束。但是他們通常不會選擇用直接對抗的方式來證明自己的準確性和可靠性，他們會透過尋找原有規則的漏洞，來證明自己，樹立自己的威信。

K畢業之後，通過重重面試，成功地來到一家眾人欣羨的公司上班。在上班之初，K覺得周圍的一切都很新奇，認為這份工作對自己有很大的吸引力，自己做出了一個正確的選擇。為此，K每天都非常積極地工作，覺得生活對於自己有太多未知的可能。

但是過了半年之後，K覺得工作陷入了一個瓶頸，每天都重複著同樣的事情，周圍的環境也不再像最初那樣充滿了新鮮的挑戰，從自己這一秒的行為，就可以準確地推斷出下一秒的成果。

於是K做了一個大多數人都難以理解的決定，他辭掉了高薪工作，開始一種新的生活。因為K覺得生活就是應該多嘗試、多經歷，這樣才能體會到更多的快樂。一成不變的生活，只會讓自己忘了快樂是什麼。

享樂主義者基本上是工作團隊中最受歡迎的人，他們非常樂意同他人合作，有他們在的地方總是充滿歡聲笑語。他們在工作中會充分發揮自己樂觀的特質，讓周圍的同事從負面情緒中走出來，並意識到自己的潛力，然後積極地應對工作中出現的問題。

他們總是有能力把原本平淡無奇的工作變得妙趣橫生，用積極樂觀的情緒來消除負面思考的影響，帶領大家看到工作中美好的一面。除此之外，他們在工作中也是善於冒險和勇於冒險的典型。享樂主義者在工作中總是喜歡追求新意，能夠看到工作中潛在的無限可能，也願意為所有的可能去進行嘗試。然而他們這種注意力的分散以及對不切實際想法

Part8　享樂型人格：人生得意須盡歡

的堅持，也會讓周圍的同事無法接受。

享樂主義者在工作中會透過和別人做對比來保持自我的良好感覺，他們覺得自己的能力比別人高，把自我形象理想化，總是覺得被他人的建議和行為所約束。

因此，他們會選擇去說服別人，把別人變成自己的支持者，藉此來維護自己的形象。他們在工作中會提出種種的可能性，來表現自己考慮周到。而他們所提出的方案聽起來非常具有誘惑力，總是讓人充滿了希望，但是卻經不起仔細推敲。他們想要做到面面俱到，最終卻是漏洞百出。

如果享樂主義者在工作中是以領導者身分出現的話，他們會透過自己對未來的堅定態度來帶動大家的熱情，讓大家精神飽滿地為他們所描繪的目標奮鬥。但是他們在更多的情況下，適合做一個計劃者而不是一個執行者。因為他們雖然能在壓力下保持自己的敏捷思維能力和創意，但是一旦他們開始執行想法，享樂主義者就會對重複性的工作感到厭煩。工作對於他們來說，只有提出想法和理論才是最重要的。

除此之外，他們在工作中也會表現出自己善變的特點，他們非常容易因厭煩而改變主意或者轉移注意力，這些在執行過程中都是要盡量避免的。

J在上司需要提案的時候永遠是最活躍的一個，他對於每件事情都有著無數的想法，而且這些想法也不乏創意和建設性。但是在執行的過程中，J卻從來都不是一個善於堅持的人，以至於他每個有創意的想法都成為別人的墊腳石。

後來在一次會議上，J的上司問道：「為什麼你每次提出有用的建議，公司也表示了同意和認可，讓你去執行的時候你總是執行不下去呢？」J回答道：「再有新意的想法，在執行的過程中也會漸漸失去它最初的魅

力,而重複性的工作又會令我感到厭煩,所以就堅持不下去了。而公司應該讓別的人來執行,這才是明智之舉,才能達到應有的效果。」後來上司把 J 的這番說辭告訴了公司老闆,公司最後決定把 J 調到行銷部,負責蒐集意見,制定新的發展計畫。

Part8　享樂型人格：人生得意須盡歡

怎樣與享樂型人格相處地更好

　　享樂主義者是現實生活中的「萬人迷」，他們能用樂觀的態度帶動周圍的氣氛，和周圍的人進行友好的交流。他們不僅會讓自己感到快樂，也會讓周圍人避免產生不快樂的情緒。

　　在日常社交的過程中，他們通常表現得非常合群，無論對方提出什麼樣的想法，享樂主義者都願意積極地去參與，生活中各種可能性的嘗試都會讓他們興奮不已。在與人相處的時候，他們會展現出自己能言善道、熱情直率的一面，別人也會因為他們所表現出來的才華而折服。然而這些並不意味著和他們交流的時候，不需要約束自己的行為，想要和他們相處地更好，就需要了解他們內心的真實意圖。

　　享樂主義者在現實生活中是不甘屈居人下的一類人，他們通常會表現得「高人一等」，覺得自己什麼都知道，自己所堅持的也是正確的，以至於有些時候會表現得自以為是。

　　但是，他們在社交的過程中也會展現出自己才思敏捷、觀點新穎的一面。如果對方能對他們的想法洗耳恭聽，他們就會為此感到欣喜不已；如果對方認為自己的觀點與他互相抵觸，他們就會想辦法向對方解釋清楚，盡可能地說服對方。

　　其實，他們這樣做並不是為了證明自己有多聰明，輸贏對他們來說並不重要，他們只是單純地享受與他人辯論時展現出自己豐富知識的過程而已。所以在和他們交流的時候，不要把他們的反對當成一種不友好的表現，更多時候他們只是為了爭論而爭論罷了。要給他們展現自我的機會，哪怕他們的展現有吹噓的成分。當他們認為別人發現了自己的價值時，他們就會收斂自己咄咄逼人的一面。

怎樣與享樂型人格相處地更好

M 在生活中是一個十分嘮叨卻又自尊心氾濫的人,總是認為自己所堅持的觀點才是正確的,對別人平淡無奇的想法和建議提不起任何興趣。在聽完對方的敘述之後,他會興致勃勃地把自己的想法告訴對方,讓對方產生一種錯覺,那就是「你說的都是對的,我說的都是錯的」,以至於大家都不願意和他一起討論問題。

有一次,同事和他一起商量一個創意企劃書,同事聽完 M 的想法之後,覺得他的想法有點不切實際,於是就提出了自己的疑問。M 聽完之後,首先批評了對方的建議一通,然後就開始不斷地論證自己想法的創新之處,最後成功地讓同事同意他的觀點。

享樂主義者在社交和工作中會非常討厭嚴肅的環境,這種環境會讓他們產生一種束縛感,他們嚮往的是輕鬆、開放、靈活的工作環境。所以在和他們交流的時候,不要期望用常規的想法來約束他們。

另外,在相處的過程中也要避免過度的誇獎他們,這樣會讓他們產生心理負擔,導致他們要麼透過逃避現實來維護自己的形象,要麼產生一種「我比任何人都強」的心理,變得盲目自大起來。所以在和他們相處的過程中,對於他們的誇獎一定要有真實依據,不要誇大其詞。他們喜歡的人際關係是一種平等的交流,如果能在誇獎的前提下,適當地指出他們身上的不足之處,通常會讓他們得到更長遠的發展。

在和享樂主義者相處的過程中,也不要隨便表現出對他們能力的懷疑。他們是非常有自信的一個群體,容不得別人的隨便懷疑,任何質疑都可能讓雙方之間的關係蒙上陰影。除此之外,也不要把當下他們接觸不到的樂趣告訴他們,因為貪玩和獵奇是他們的本性。

一旦他們得知可以讓自己感受快樂的事情,注意力就會開始轉移,無心處理當下的事情,而是時刻想著怎樣才能去感受一番。

享樂主義者非常善於發現生活中的美好,他們對生活中的一切負面

Part8　享樂型人格：人生得意須盡歡

情緒都嗤之以鼻。他們不是在做著能讓自己快樂的事情，就是在想著什麼事情可以讓自己變得更加快樂。所以，想要和他們保持一種良好的人際關係，就不要在他們面前抱怨生活，這會讓他們覺得自己所熱愛的生活在別人眼中是不值一提的。

他們也會覺得抱怨生活的人是無能的人，和他們相處是沒有什麼意義的。另外，在和享樂主義者相處的過程中，不要嘗試去干預他們的私生活，嚮往獨立自由的他們，對於任何指手畫腳都會覺得厭惡。

K和L在同一個部門上班，他們的關係不錯，下班之後兩人經常會在一起放鬆娛樂。有一次，K的朋友要在週六辦一個聚會，K就想把L叫去一起放鬆一下，順便認識一些新朋友。隨後K就把這個消息提前告訴了L，想讓L做好準備，預留出時間。

當時，還有三天的時間才到星期六，但是L得知了這個消息之後，表現得非常興奮，注意力也忍不住轉移到了對聚會的想像上面，對於手中的工作就變得敷衍起來。

由於L的心不在焉，結果在工作中出現了一個大疏漏，他被上司罵了一頓，並且被要求週六必須加班。這個消息讓L的好心情立刻消失了。最後，L因為加班沒有去聚會，但是腦子裡又不斷地想著聚會的畫面，導致加班也沒有發揮應有的效用。

享樂型人格的自我心理調節

有些時候，享樂主義者在現實生活中很難分清哪些是他們真心想要的，哪些又是一時興起所做的決定，他們經常會因為衝動讓自己陷入難以抉擇的境地。享樂主義者的注意力總是容易從一個選項轉移到因為該選項而放棄的其他可能上面，以至於他們的思維總是停留在那些被放棄的可能上面，而不能認真地研究一下現實生活中所遇到的困惑該如何解決。

享樂主義者覺得任何放棄都會讓自己難以割捨，也害怕因為想法不成熟而錯過真正能帶給自己歡樂的事物，以至於變得猶豫不決，開始拖延起來。當別人指責他們優柔寡斷時，他們是非常困惑的，然後就會開始思考：難道別人看不出情況可能有變嗎？

這時候，享樂主義者應該學會認清自己的衝動性，觀察現實生活的真實狀況，克制自己每種可能都想嘗試一遍的衝動，絕不能放任自己。這樣才能學會判斷什麼事情是自己真心想要的，讓自己專注於真正有益的事情上面。

享樂主義者在現實生活中有些時候會表現得不負責任，他們在做一件事的時候可以提出一個很有想法的計畫，但是在執行的過程中卻會半途而廢。在討論失敗的結果時，他們又會對結果進行合理化的解釋，例如，這是可以接受的，事情本來就存在著失敗的可能性。

如果在執行的過程中遇到麻煩，他們就會去挑剔細節問題，而不會認為他們的指導方針出現了失誤。這時候就需要他們學會聽取別人的意見，勇敢地承擔責任。在做事之前也要能夠明確目標，沒有完成既定的

Part8　享樂型人格：人生得意須盡歡

目標就是一種失敗，不要用存在失敗的可能作為逃避責任的藉口。

享樂主義者天生對未知事物充滿了好奇心，並想一一驗證自己的想法是否正確。這種想法讓他們在現實生活中更加注重量的累積和嘗試，而忽略了對質的追求。

因此，他們做事的時候總是容易心猿意馬，無法集中注意力，經常是手中做著這一件事，心裡卻想著另外一件事，以至於每件事情都不能做好。這裡要提醒享樂主義者，在體驗生活的時候，要懂得質的重要性，如果把希望寄託於無限可能的嘗試中，最後只會讓自己迷失在可能所形成的海洋當中，永遠無法登上真實的海岸。只有全心全意地投入一件事情當中，才能讓自己感覺到真實的快樂。

N在生活中是一個未雨綢繆的人，他在做事的時候，總是習慣考慮各種可能性，並希望把每一種可能性都嘗試一遍，他認為這樣才能充分地體驗過程帶來的快樂。但是，他經常會因為把時間都浪費在選擇上面，導致最後的行動都是草草了事。

有一次，上司讓N根據市場調查報告做一份業務企劃書。N接到這個任務之後，大腦就開始高速地運轉起來，把每一種應對策略都思考了一遍。但是當N決定企劃書的方向之後，他又會不自覺地想起另外一種選擇，以至於在糾結中浪費了大量的時間，最終不得不慌裡慌張地寫了一份企劃書。當然，這份企劃書肯定沒有通過。但是N對此卻不感到失落，反而說自己早就料到了這種結果。

在正常情況下，享樂主義者能夠憑藉自己的歡樂特質，讓周圍的氣氛變得歡快起來。但是有些時候，他們也會為了吸引對方的注意力而誇大自己的經驗，留給別人「吹牛皮」的不良印象。這裡要提醒享樂主義者在和別人交流的時候，要注意自己的言語表達，不要為了一時衝動而逞口舌之快，進而損害自己的人際關係。

享樂主義者不僅喜歡追求快樂，而且也能讓身邊的人保持高漲的情緒。但是，當他們開始過分地發揮搞笑能力的時候，反而會讓人產生一種虛假、不真實的感覺，結果對方只會和他們保持一個客氣的距離。這時候就要提醒他們，對於旁人來說，一個有喜有悲的人更容易獲得信任和喜愛，因為他們表現得更加真實。

享樂型人格是九種人格中比較自戀的一種人格，他們通常知道自己想要什麼，但是對於他人的需求卻不太關心。他們經常會覺得能夠讓自己開心的事情，一定也能讓別人開心，自己所認可的想法別人也能接受，如果對方還沒有接受，那是因為自己沒有說清楚。

這時候就要提醒享樂主義者，他們其實並不了解那些反對自己的人，生活也並不是只有一種可能。要尊重人與人之間的不同屬性，不能憑自己的感覺要求別人和自己一樣。

B是一個喜歡以己度人的人，他總是覺得別人的想法應該會和自己一樣，以至於他非常喜歡按照自己的喜好為別人做一些決定。他在一次聚會中認識了一個新朋友，兩人在交談的過程中發現彼此有很多共同的興趣愛好。後來兩個人找了一個位置坐下來休息，過後，B起身按照自己的喜好幫對方拿了一份食物和一杯酒。

B本來以為自己這樣貼心的服務一定會讓對方高興，但是當他把食物放在桌子上後，對方只是非常客氣地說了一聲「謝謝」，然後沒過多久就找了一個藉口離開了。B覺得莫名其妙，於是就把自己的困惑告訴了朋友。朋友說道：「你怎麼知道對方餓了呢？你又怎麼知道對方想吃什麼呢？你這樣按照自己的意願做決定，當然會讓對方覺得不舒服了。」但是B聽完之後，卻不這麼認為，他覺得自己並沒有做錯什麼，而是對方小題大做了。

Part8　享樂型人格：人生得意須盡歡

享樂型人格與其他人格的碰撞

　　享樂主義者與奉獻主義者在相處的過程中會相當有默契。他們在相處的過程中會展現出各自活潑、樂觀、友好、精力充沛的一面，讓雙方擁有一個良好的社交基礎。但是，他們也會展現出各自不同的一面，享樂主義者習慣以自我為中心，追求獨立，不喜歡被任何事物所束縛，凡是能讓他們感覺到快樂的事物，他們都願意去追尋。奉獻主義者則不同，他們習慣以滿足他人為中心，他們所關注的焦點也是別人所愛和所要的東西，奉獻主義者甚至願意壓抑自己的需求來滿足他人。

　　在親密的情感關係當中，這兩類人一般情況下都能做到友好地相處，奉獻主義者願意幫助享樂主義者找到適合他們的計畫，幫助他們追逐想要的快樂。奉獻主義者所擁有的廣泛興趣，也剛好可以滿足享樂主義者對無限可能性的追求，進而讓這兩類人可以在一起嘗試各種活動。

　　除此之外，這兩類人都屬於樂觀主義者，對待生活中出現的困難和危機，他們也不會感到沮喪，反而會讓注意力轉向其他事物上面。但是，這兩類人在一起想要有更好的發展，就需要他們的注意力從外表的親密轉移到真實的情感上面。

　　在工作中，奉獻主義者非常願意幫助享樂主義者執行他們的想法，但是他們的合作通常會缺乏永續性。享樂主義者會專注於專案的起始階段，隨後他們的注意力就會逐步減弱，而奉獻主義者的幫助只有在強而有力的領導下才能發揮最大的作用，他們在工作上的特點會讓他們的合作充滿風險。

　　除此之外，奉獻型的員工還會為了滿足享樂型領導者的種種想法而付出努力，但是對方卻未必在意自己偶爾的靈光一現，這就會讓兩者在

工作中出現大量誤解。而奉獻型的領導者也會對享樂型員工的三心二意表示不滿，有些時候還會因對方的獨立而感到恐懼。

M 的上司是一個想法多變的人，每天都會對不同的事物表現出自己的興趣，以至於 M 在很多時候根本搞不清楚對方的真實想法是什麼。

有一次，M 根據市場調研和客戶需求做了一份調查報告交給了上司，希望可以得到對方的認可。但是到了快要下班的時候，M 還沒有得到對方的答覆，就開始擔心自己的報告是不是出現了問題，於是就想前去詢問一下，是否可以按照報告實施下一步的計畫。

等 M 找到上司的時候，對方先開口說道：「你先把手頭的工作放一放，把這件事情處理一下。」M 接受了對方的安排，心中想著自己的報告肯定是沒有通過，於是就失落地走了出去。

過了幾天之後，上司對 M 說道：「你的報告寫得不錯，你的後續計畫實施得怎麼樣了？」M 聽到這裡，非常詫異地說道：「你不是讓我把手中的工作放一放，先去處理別的事情嗎？」對方說道：「放一放是暫時性的，又不代表要放棄。」M 就這樣稀裡糊塗地浪費了幾天的時間，不得不加班超時地趕製後續的計畫。

享樂主義者和觀察者在現實生活中，經常會被認為是同一種人格類型，他們身上有眾多的相似之處，而且觀察型人格是享樂型人格的安全狀態，享樂型人格則是觀察型人格在壓力狀態下的反應。

他們之間的這層關係，讓兩者都表現出獨立、喜歡想像、有創造力、富有學識的一面。在現實生活中，他們都會盡量避免苦惱或痛苦的情緒。但是這兩類人仍然有著很大的不同，比如說觀察者會極力避免任何激烈的情感，不管是痛苦還是快樂，他們會簡化自己的生活和慾望，壓抑自己的需求，做事總是習慣「等」一會兒再做。

享樂主義者則不同，他們行事積極，想到什麼就去做什麼，結果對

Part8　享樂型人格：人生得意須盡歡

他們來說並不重要。在行事的過程中，享樂主義者會毫不猶豫地表達出自己的期望與需求，他們討厭任何形式的束縛與限制。兩者之間的這些差異，會讓他們在相處的過程中經常出現一些彼此都不願接受的狀況，造成互相之間的合作和交流不如其他人員之間那麼順暢。

懷疑主義者和享樂主義者在相處的過程中，也經常會出現一些交流障礙。懷疑主義者對經驗持有懷疑的態度，他們希望自己的周圍有可靠的原則，藉此來打消自己的疑慮，為此他們可以壓抑自己的需求和快樂。

享樂主義者在做事的過程中，總是喜歡關注事物之間的可能性，討厭被常規約束，他們所有行為的目的都是為了能讓自己享受快樂。這兩類人格如果想要相處地更好，就需要學會傾聽對方的真實想法，克服自己身上存在的缺點，善於向對方學習。

K 和 L 性格上存在著很大的差異，K 做事時總是習慣先進行一番觀察，確保周圍的環境安全了再去行動。L 做事則是雷厲風行，想到什麼就去做什麼，從來都不會壓抑自己的真實想法，以至於兩個人長期都處在一種彼此看不順眼的狀態中。

直到有一次，主管安排 K 和 L 一起處理一件事情，兩個人在實踐當中體會到了對方身上的穩重與魄力，然後開始審視自身，相互學習。後來兩個人經過不斷地磨合和交流，成為工作中很好的搭檔。

Part9　領導型人格：能力越大責任越大

> 領導型人格非常清楚自己的奮鬥目標，並願意為之付出不懈的努力，就算在這個過程中遇到了衝突也不會退縮，因為他們相信真理往往來自於正面對抗的結果。

Part9　領導型人格：能力越大責任越大

領導型人格的特點

　　領導型人格的基本慾望就是追求權力，他們會覺得擁有權力才能得到別人的認可和讚賞。領導者堅信這個世界是不公平的，總是把自己當成一個保護者，承擔起保護那些無辜者的責任。因此，他們在現實生活中會表現出豪爽、不拘小節、維護正義等特點。

　　他們所關注的核心問題是控制，即是誰在掌握權力？掌握權力的那個人是否能做到公平？這也讓他們在現實生活中非常喜歡居於領導者的位置，希望能夠用自己的力量來掌控局勢，把別人納入自己所提供的保護傘下面。

　　具備領導型人格者（簡稱「領導者」）非常清楚自己的奮鬥目標，並願意為之付出不懈的努力，就算在這個過程中遇到了衝突也不會退縮，因為他們相信真理往往來自於正面對抗的結果。

　　他們認為自己所代表的是正義的一方，他們之所以這樣做都是為了保護他人。領導者會信任那些在正面衝突中不退縮的人。除此之外，他們在現實生活中通常不願意被別人控制，就算他們處於下屬的位置，也會盡量忽略被別人領導的事實。如果周圍缺乏明確而有力的規則，領導者甚至會表現出有意挑戰規則。

　　當他們處於領導地位時，就會表現出控制的慾望，並迅速地掌控全場。在這個過程中，領導者會展現出好勝心和攻擊性，而不是透過協商談判的方式去解決問題。

　　領導者的理想目標是能對社會有所貢獻，希望得到眾人的肯定和愛戴，所以，他們會讓自己投身到對大眾有益的工作上面，並且還會帶動

身邊的人一起投入公益事業中。領導者在做事的過程中會表現得非常有擔當，一旦選擇了就會強而有力地執行下去，半途而廢的情況一般不會出現在他們身上。

H是一個好勝心非常強的人，做什麼事都不喜歡受人控制，所以和別人發生爭執對於他來說，是再正常不過的事情。這種敢打敢拚的性格，讓他很快就闖出了一片天地，成立了一家屬於自己的公司。而且他在面試新員工的時候，最看重的便是對方有沒有打拚精神，對於他來說，好勝心是評價一個人是否有工作動力的重要標準。

而其公司員工的升遷，也是在激烈的競爭中完成的。他從來不在意對方的學歷和資歷，他更看重的是對方有沒有面對挫折的勇氣，以及在處理困難問題時所選擇的方法和態度，這也讓整個公司的競爭非常激烈。

領導者在現實生活中，通常會選擇用強硬的外表來保護自己，因為他們內心深處害怕自己被控制。這種性格特點讓他們總是習慣關注外面的世界，希望自己能夠找到別人隱藏的企圖，發現那些應該受到懲罰的人，藉此來消除自己被控制的可能。但是，無論他們怎麼批評、責備他人，都不會懲罰自己，領導者會把自己塑造成一個毫無過錯的保護者。

領導者在面對威脅時會無意識地表現出強烈的攻擊性，因為競爭對於他們來說就是消除威脅和懷疑的最佳工具。他們習慣用懷疑的眼光來審視這個世界，唯一能讓他們感到安全的就是知道自己要指責誰，同時也能清楚地知道是誰在支持自己。

但是，他們的指責雖然看起來是強大而確定的，實際上卻暴露出了他們的疑慮和脆弱。領導者如果想要獲得更好的發展，就需要他們在指責之前先質疑一下自己的決定，控制自己的衝動，不要總是倉促行動。

領導者的世界觀在某種程度上就是自然界的生存法則，弱肉強食、

Part9　領導型人格：能力越大責任越大

物競天擇是他們評判強者的最佳標準。在整個爭鬥的過程中，他們會表現得鬥志昂揚，把憤怒當成一種激發自己的能量，讓自己去追求真相的工具。如果在競爭過程中戰勝了對手，他們就會為獲得支配權而感到滿足；如果失敗了，他們就會覺得這是公平的競爭，可以消除彼此之間的不信任感，不管怎麼說都是一種雙贏的結局。

此外，領導者在競爭的過程中非常容易變得以自我為中心，進而被自我的力量和宏偉的計畫衝昏頭腦，只要自己感覺良好的事情，他們都會選擇沒有節制地貫徹下去。當他們變得無法控制自己的時候，就會公開發洩怒火來展示自己的力量，導致他們的社交變得步履維艱。

J在工作中是一個非常喜歡競爭的人，他覺得只有處在爭鬥的狀態中，才可以激發自己的所有潛力，讓自己獲得更好的發揮。在與別人相處的時候，他也經常因為一些事情和別人發生爭執，因為J始終都相信這樣一個道理，那就是「真理越辯越明」，只有在辯論的過程中，才能夠獲得更加真實、深刻的認知。

這讓J每天的生活都充滿了各式各樣的爭鬥，而一旦生活中的這種爭鬥消失的時候，他就會覺得生活變得枯燥乏味，並為此感到厭煩。但是有些時候，J這種喜歡爭鬥的性格也為他帶來不少麻煩，尤其是當他要為自己犯的錯誤承擔責任時，他就會非常難以接受，並長時間處在一種情緒低落的狀態中。

領導型人格在不同階段的表現

領導者在健康狀態下會表現出大度、自信、富有挑戰精神等特點，他們重視自我能力的彰顯，對於自己想要的東西也不會輕言放棄。領導者在最佳狀態下，會表現得富有同情心，也能夠為了比自己的志向更偉大的事業做出一些犧牲和讓步。此時的他們是真正無私的，總是想著為別人服務，充當別人的保護傘，為這個社會做出更大的貢獻。

領導者會為此收斂內心的衝動，避免只憑直覺行事，會等到自己對事物有了更深刻、更真實的認知後再採取行動。他們的內心總是充滿了堅定的力量，隨時可以勇敢地迎接生活中出現的挑戰，但是也不會排斥向別人尋求幫助。

健康狀態下的領導者，在某些時候也會表現出對被他人傷害或控制的恐懼，但是他們不會被這種恐懼所嚇倒，他們會因此產生保護自己的強烈慾望，並在抗爭的過程中體會到意志力的強大作用。領導者也因此變得充滿自信，從不懷疑自己具有克服困難的能力，而他們的自信又會在克服困難的過程中變得更加強烈。領導者始終相信，在這個世界上，他們可以按照自己的想法去處理事情。

一旦領導者確定自己擁有堅強、自信、獨立這些強而有力的特質時，他們就會害怕變成與之相對的另一種人，於是他們會積極地面對生活中的各種挑戰，藉此來證明自己的能力和獨立。他們的堅持最終會讓其成為一個具有建設性和權威的挑戰者，他們會堅定地去完成自己認為有價值的目標。

在面對挑戰的過程中，領導者也會表現出自己足智多謀、果斷、忍

Part9　領導型人格：能力越大責任越大

讓、有膽識的一面，進而贏得眾人的信任和依賴。除此之外，他們富有建設性的直覺，會讓他們在生活中展現出具有先見之明的一面，領導者也願意用這些天賦去做那些具有實際意義的事情。

M 是一個獨立而又自信的人，只要是覺得有意義的事情，他就會盡自己最大的努力去完成，絕不會因為困難而選擇半途而廢。有一次，M 根據經驗寫了一份市場與客戶需求變化的分析報告，結果贏得了上司的讚賞。隨後，上司決定讓 M 根據他的分析報告做一份應對計畫，其實應對計畫並不像分析那樣輕鬆，它需要綜合考慮更多方面的因素。

但是 M 還是選擇接受上司的安排，因為他覺得自己可以成功地制定出應對計畫，如果計畫執行了，也絕對可以為公司創造不菲的收益。於是他就開始加班超時地工作，希望自己可以一鼓作氣把它拿下。在 M 的努力下，這份應對計畫很快就完成了，並且得到公司主管的一致認可。隨後，公司按照他制定出來的策略，成功地在市場轉變的過程中搶占了先機。

當領導者從健康狀態轉變到一般狀態的時候，他們就會因為難以面對挑戰和完成任務而感到焦慮不安，他們此時的行動已經轉變為如何保住自己的事業。而且他們此時開始關心自己是否擁有足夠的財力，並希望可以做到自給自足。在焦慮和懷疑的影響下，他們開始慢慢地收攏自己對他人的關心和保護，並逐步變成一個以自己為中心的個人主義者，他渴望身邊的人都能支持他的努力，當出現懷疑的時候會毫不猶豫地介入到衝突中去。

此時，領導者為了展現自己的力量和能力，會讓自己不斷介入到衝突當中，如果在此過程中遇到了阻礙，他們就會展現出自己攻擊性的一面。在這種狀態下，他們總是想把自己的意願和想法強加到別人身上，想要看到自己意志力在環境中的延伸，不再把對方看成是一個平等的存在。

他們此時最基本的恐懼就是害怕受到他人的傷害或控制，為了消除這種威脅，他們會選擇先發制人，把周圍的每個人都納入自己所掌控的範圍之內。此時，為了展示自己的重要性，他們會直接了當向別人展示自己達到的成就，甚至會透過挑釁或取笑別人來顯示自己的幽默感。

如果領導者繼續選擇堅持己見，無視他人的想法，想要支配周圍人的話，他們就會因此招來抱怨和抗議。這種情況通常會讓他們感覺到危機，認為自己的權威被挑戰了，進而他們就會把一切的關係都變成一種敵對關係，然後透過故意製造衝突，挑起爭鬥對別人施壓，甚至會透過威脅和報復來獲得別人的服從。

此時的領導者已經慢慢地從一般狀態進入到了不健康狀態，如果不控制的話，他們就會變得無情無義，獨斷專行，並堅定地奉行「強權就是真理」的標準，甚至會變成一個不受控制的自大狂，殘酷地毀滅一切不屈服於他的人。

H是一個非常偏執的人，覺得自己所堅持的都是正確的，別人的想法和行為都應該和自己保持一致。他為了展示自己所獲得的成功和說話的可信度，就非常大方地想要用金錢來增加自己說話的分量。

有一次，H在和別人談判的過程中，自始至終都表現得非常強勢，對方的條件也開始被一步步地瓦解。等到最後要簽約的時候，H邀請對方到一家豪華的餐廳吃飯，並約定在晚飯結束之後簽訂合約。在吃飯的過程中，一個新來的服務員不小心碰掉了一個杯子，把酒灑在H身上，服務員立刻向他道了歉，但是H卻並沒有原諒對方，並指責那個服務員說道：「手腳不靈就不要出來工作了。」

這時對方突然離席說道：「這頓飯我請了，你也不用再說他了。另外我們的合作也就此結束吧！一個只會咄咄逼人的合作者，不是我們所想要的。」H聽完對方的話，當場就傻眼了。

Part9　領導型人格：能力越大責任越大

領導型人格的情感世界

　　領導者是非常注重自由和獨立的，在情感世界中也不例外，因此他們通常會喜歡獨立、堅強的另一半。他們非常討厭被別人控制和利用，也不希望自己被無視，領導者的這種情緒在現實生活中會轉變成一種對領地的重視，而這個領地通常包括日常行程安排、私人物品以及個人空間等具有個人色彩的事物。他們在現實生活中的許多控制行為，都是想要透過先發制人來確保自己不被別人控制。

　　在現實生活中，領導者把親密的行為與親密的關係放在兩條不同的線上，即「我們雖然每天在一起，但不代表我們的關係就非常親密」，「我們可以在一起嬉笑打鬧，但這並不意味著我們是非常要好的朋友」。雙方在交流的過程中需要不斷地交換觀點，表明立場，然後把雙方的關係建立在共同的興趣愛好上面，才會有更好的發展。

　　領導者在現實生活中擁有強烈的慾望，也非常喜歡刺激的生活，他們對於喜歡的事物會表現得沒有任何節制，熬夜、狂歡、通宵對於他們來說是再正常不過的事情。這也造成他們在情感世界中會忽略對方的感受，加重對方的心理負擔，讓雙方的生活很難保持平衡。

　　當領導者和朋友之間的關係朝著更加親密的方向發展時，他們會覺得自己的生活被影響了，進而想要從這段關係中逃離出來。因為他們發現，這樣就不能完全按照自己的意願生活下去了。

　　當他們發現更多的時候自己需要顧慮對方的想法時，這會讓他們非常不習慣。所以，他們在情感交流的過程中，會想把控制權時刻都掌握在自己手中，或者強行把對方納入自己的控制範圍中。

M 是一名空姐，在一次班機飛行中認識了健身教練 H，雙方在短暫的交流中發現，彼此竟然存在著共同的興趣愛好，於是兩個人在飛機降落之後互相留下了聯繫方式。

後來，M 和 H 又在不同的場合見過幾次面，兩人之間慢慢地產生了好感，不久就成了情侶。在剛開始的一段時間，兩人相處得非常甜蜜，但是沒過多久，M 就對這段感情充滿了厭倦。

原來隨著交往的加深，M 發現 H 對所有人都一樣，對自己根本沒有特別好。除此之外，H 還十分霸道，會替 M 做很多決定，甚至還不允許 M 有任何私密的事情，每天都會打無數個電話，想知道 M 在做些什麼事情。

M 問 H 為什麼要這麼做，H 理直氣壯地回答道：「戀人之間就應該這樣，再說我不知道妳每天都在忙些什麼，我怎麼能清楚地知道妳的想法呢？」M 覺得 H 把自己當成了他的一件附屬品，於是果斷地從這段感情中抽離了。

領導者在交往過程中，通常不會壓抑他們內心的情緒，非常容易因為別人的質疑而產生憤怒的情緒，也會不加克制地將這些情緒發洩出來。對於他們來說，「不打不相識」是非常有效的一種交流方式。所以在交往的過程中，他們經常把怒火發洩到他們感興趣的人身上，但是卻沒有意識到憤怒和爭鬥帶給別人的感受。憤怒情緒的釋放會讓領導者感到輕鬆，但經常會因此把他們的人際關係弄得一團糟。

領導者在情感交流中，都不能忍受資訊的缺乏，因為這會讓他們有一種超出自己掌控的感覺，以至於他們在敏感的時候會把輕微的忽視當成一種背叛。另外，在領導者的情感世界中，始終堅信依賴對方會讓自己變得軟弱無力，然後拒絕自己內心柔弱的情感，把溫柔誤以為就是依賴。此時，他們會選擇退縮，並且開始抱怨，或者透過自責的方式來否定自己的情感。

Part9　領導型人格：能力越大責任越大

　　在與領導者交往的過程中，應該把問題擺到檯面上來吸引他們的注意力，否則他們就會專注於個人目標，進而忽略他人的感受。如果在交往的過程中，對方因為種種原因隱瞞了一些問題而被他們發現的話，他們就覺得這種事情會威脅到真理的存在，這是他們所不能接受的。在情感交流的過程中，隱瞞會讓領導者覺得自身被攻擊或被利用了，此時，他們會選擇立刻反擊，而不會在乎對方是有意的還是無意的。

　　因為領導者總是覺得情況還有可能惡化，他們必須在失控之前馬上解決問題。除此之外，當他們感到無聊的時候，他們很有可能會做出一些不禮貌的舉動，讓身邊的人感到難堪。

　　K 在生活中是一個不會壓抑自己情感的人，他喜歡在交流的過程中，把所有遇到的問題都擺到檯面上，並直接處理，以至於有些時候會顯得非常無禮。

　　有一次，K 和朋友在一家西餐廳吃飯，席間，兩人發生了一些爭執，但是對方並沒有被 K 的一套理論說服。K 覺得非常沒有面子，就忍不住和朋友爭吵了起來。

　　朋友覺得不應該在公眾場所大聲喧譁，於是就對 K 說道：「我們吃完飯出去再說吧！」但是 K 並不買單，而是立刻站起來對服務員說道：「吃完了，結帳！」隨後兩人便離開了西餐廳，在馬路上繼續爭吵了起來。最後，朋友覺得太尷尬了，就選擇離去。

　　這件事之後，大家都以為兩人可能再也做不成朋友了，但沒有想到的是，沒過多久他們兩人就和好了。當別人問 K 原因時，K 說道：「他能在爭吵中一直堅持自己的原則，哪怕覺得周圍的環境會讓其非常難堪，他也沒有妥協。這和我的性格一樣，自然也就值得我尊敬了。」

領導型人格的職場表現

領導者在職場上是非常注重公平的，他們會經常抱怨不公平和不公正之類的事情。因此在和他們相處的時候，應明確地區分出哪些情況代表的是他們自己，哪些情況代表的是一個群體，進而做到和他們保持有效的溝通。

此外，他們在職場上會嚴格劃分辦公室的等級結構，會在不經意間對人員進行分類，透過設定界限讓自己了解每個人的立場，進而確保自己的安全和對資訊的掌控。

領導者在工作的過程中，會時刻思考著怎麼做才能確保自己的領導權，即便他們只是一個普通的員工，也會讓自己表現得像一個主管一樣。他們在工作中關注的焦點是誰掌握了權力，他的行為原則是否公平、公正。領導者在職場上有些時候表現得就像一個實踐的個人主義者，會考慮諸多實際問題，然後按照他們所認為的公平原則行事。

當領導型的員工面對一個講誠信、講原則的上司時，他們會願意在工作中展現自己的才華。一旦發現上司與自己的處事原則產生了衝突，他們就會奮起反抗。領導者對周圍環境的控制慾，會讓他們堅信自己的觀點才是正確的，認為自己在競爭中可以戰無不勝。

所以在職場上，領導者有些時候的表現就像搞事的一樣，他們對權威的反抗會帶給當權者不小的麻煩。

如果把領導者放在一個公平、公正的環境中，他們也可以成為一個出色的員工。他們對工作的興趣，可以讓他們長久地工作下去，並且能夠用堅定的信念來克服工作中遇到的困難。不過在工作的過程中要盡量

Part9　領導型人格：能力越大責任越大

保證他們的獨立性，任務一旦分配下去之後，就不要隨意地插手。因為這會讓他們覺得自己被傷害和控制了，這是領導者所不能接受的。

J在工作中是一個不喜歡忍讓的人，他如果覺得自己受到了不公平的待遇，就會據理力爭，從來不考慮這樣做會不會得罪人。

有一次，他成功地完成了一個專案，按照常理來說應該可以得到一筆獎金，但是到了月底發薪資的時候，這筆獎金卻仍然沒有發到他手裡。

J覺得可能是主管扣了這筆獎金，於是他找到主管詢問情況。主管表示，上級沒有發下任何獎勵，也沒有任何指示，他自然就不能自己做主發獎金。聽完主管的解釋之後，J並沒有信服，而是私下裡四處訴說自己受到的不公平待遇。

到了月初開例會的時候，老闆公開表揚了J的業績，並當眾發放獎金。此時J才意識到主管並沒有說謊，是自己誤解了他。隨後J找到主管，表達了自己的歉意。

任何人在工作中都想獲得安全感，領導者也不例外，他們在工作中會十分重視人際關係的培養，因為他們覺得同事之間的友誼在某種程度上就等同於安全感。但是想要和他們順利的相處，卻並沒有那麼容易，因為領導者雖然意識到了友誼的重要性，但是他們仍然會堅持獨立地解決問題，避免他人的干擾。

如果要求他們和別人分享空間、時間、資訊、裝置等帶有個人色彩的事物，他們的領地觀念就會抬頭，然後開始懷疑對方的動機。除此之外，他們還喜歡透過大聲爭論來傳達自己的觀點，他們咄咄逼人的態度會讓人非常不舒服。別人會以為領導者是在全力表述自己的觀點，其實他們仍然處在思考的過程中，但是當他們開口時，摩擦或是矛盾可能就隨之而來了。

領導者在工作中會表現出自己開創性的一面，這種開創性通常能鼓舞他人。當工作出現困境，或者投身於自己感興趣的事業中時，他們會進入一種高效率的工作狀態中。所以在工作的過程中，他們會對那些在困境中仍然堅持自我的人刮目相看，會覺得對方身上擁有和自己一樣的特質。

除此之外，領導者通常會覺得激烈的競爭環境要比平淡無奇的工作有趣得多。他們更願意處理一些緊急狀況，不願意按部就班地進行下去。他們需要找到有效的管道來發洩自己過剩的精力，否則充滿活力的他們就非常容易把自己的注意力轉移到一些細節上面，或者胡亂干預他人的工作，進而造成同事之間關係的不和睦。

當他們成為真正的主管的時候，也不會選擇輕易授權，他們在決定委任一個人做某項工作的時候，會先充分考察對方的能力再做決定。如果對方通過了他們的考驗，後續的工作就會接踵而至，但是他們很少會為對方出色的表現鼓掌。和他們相處的時候，最關鍵的一點就是要學會表達自己的意見。你不必去贊同他們的意見，但是一定要讓他們知道你的意見，和他們相處最重要的就是要做到坦誠相見。

B 在工作中是一個精力十分旺盛的人，而且總是在別人還沒有完成工作的時候，他就已經順利地完成了自己手中的工作。但是 B 並不會因此感到輕鬆，他會為自己的無所事事而感到厭煩。此時，他就會去干涉他人的工作，對別人的工作評價一番。

但是，他的干涉並不都會得到對方的認可和感激，因為更多的時候他的干涉是想要掌控對方，希望對方可以按照自己的意願行事。B 的這個缺點導致他在公司中的人緣並不是很好，但是 B 卻從來不認為自己這樣做有什麼不對，他還是會時不時地「指點」同事一番。

Part9　領導型人格：能力越大責任越大

怎樣與領導型人格相處地更好

　　領導者在現實生活中會表現得強勢、自信、堅強、積極進取，而且對強者通常會更容易產生好感。所以在和他們相處的過程中，不要期望可以透過展現自己的軟弱來獲得他們的同情和幫助。

　　雖然他們在辦事的過程中，也會表現出自己豪爽、樂於助人的一面，不願意看到身邊的弱者遭受不公平的待遇。但是不代表他們能接受喜歡用「哭訴」這種方式來乞求幫助的人，因為他們會覺得這是一種無能的表現。因此，這樣的軟弱姿態不僅得不到他們的幫助，而且還會讓他們產生厭煩的情緒。

　　相反，在競爭的過程中可以做到堅持己見、不屈服的人，就算到最後沒有成功，也能贏得他們的好感和幫助。

　　領導者在和別人相處的時候，喜歡直接了當地展開對話，拐彎抹角的試探會讓他們反感。如果在交流的過程中，能夠對他們表現出應有的尊重和誠意，通常會為雙方的交流打下一個良好的基礎。

　　對於他們的觀點，對方不一定要完全贊同，也不要因為害怕惹他們生氣，就壓抑自己的想法，有不同的意見一定要坦誠地表達出來。他們雖然沒有太多的心機和城府，但是一旦他們發現了對方的隱瞞，就會變得非常憤怒，覺得自己被愚弄和控制了，進而斷絕和對方的往來。

　　除此之外，如果在社交的過程中出現了問題，不要自作主張地選擇解決方案，要記得徵求他們的意見，坦誠地交流和及時地彙報，對於他們來說是建立信任的關鍵。

　　領導者在社交的過程中會表現出較強的控制慾，希望對方可以對自

己做到言聽計從，所以在小事上應該盡可能地順從他們的意見。但是涉及原則問題的時候，也不用選擇忍讓，可以強硬地和他們據理力爭。

M 在生活中是一個不拘小節的人，經常會熱心幫助身邊的人，但是在有些時候他也會表現出憤怒的一面，喜歡和身邊的人展開爭論。一方面，M 希望透過爭論來檢驗究竟誰是自己身邊勇於直言的朋友；另一方面，他也希望可以說服對方，成為眾人眼中不可或缺的建議者。

有一次，M 和朋友在公園裡看別人下棋，朋友一時技癢，就和另外一個人切磋棋藝。在這個過程中，M 和朋友因為一步棋發生了爭執，當時 M 表現得非常強勢，覺得對方應該聽從自己的建議才能贏。

朋友爭執了幾句，就聽從了 M 的建議，最後下成了一盤和棋。事後，另外一個人私下裡問 M 的朋友：「如果你堅持自己的想法，那局棋說不定就贏了，你為什麼聽他的呢？」M 的朋友回答道：「他這樣做也是為了讓我贏，而我當時確實有點猶豫，不過我為什麼聽從他的建議呢？為了一局棋而大吵一頓，那多不好！」

後來 M 從別人口中得知了朋友的這番話，非常感動，與對方的友誼也變得更加深厚了。

其實，他們並不介意和對方發生爭執，他們覺得這種直接的碰撞，會讓雙方更容易深刻的了解彼此的想法，真正的朋友就應該勇於直言。如果在爭執的過程中，對方能夠用精確的語言和嚴謹的邏輯進行可行性分析，不管結果如何，通常都能得到他們的讚賞。

領導者是非常容易憤怒的一類人，他們的憤怒通常是因為他們多餘的精力沒有找到有效的管道進行宣洩。所以對於他們的憤怒，並不需要反應過度，也不用竭力進行反抗，仔細地聆聽就可以了。等他們發洩結束之後，自然也就會回歸常態。

Part9　領導型人格：能力越大責任越大

　　但如果他們的憤怒傷害了你，你可以直接告訴他們，因為他們很有可能只是一種無意的表達。他們知道之後在你的面前就會有所收斂。千萬不要對他們的憤怒做出同樣的反應，否則非常容易引起更激烈的、不必要的爭鬥。

　　在相處的過程中，如果對領導者的行為感到不滿，你可以直接指出來，但是不要嘲笑或譏諷他們，否則非常容易引起他們的敵意，他們甚至會選擇用暴力、卑劣的方式進行報復。除此之外，也不要在他們面前隨意攻擊他們的朋友，尤其是當你沒有證據的時候，這種行為非常容易引起他們的反感。因為他們覺得自己有義務、也有責任去維護朋友的形象。

　　B和N在工作中經常會因為不同的觀點而發生爭執，兩人都堅定地相信自己的想法才是正確的，對於對方的觀點都會表現出不屑一顧的態度。因此，公司的其他人都認為他們之間的關係並不好。然而，事實卻不是這樣的，B和N的友誼就是在爭吵中建立起來的，並且隨著爭吵而變得越發堅固。

　　有一次，N意外地被捲入了一宗盜竊案中，當所有人開始質疑N的人品的時候，B仍然堅信N是無辜的，並貼心地安慰N的家人。後來警方調查證明，罪犯是用N丟失的身分證冒充N作案的，與N沒有任何關係。

　　N之後不解地問B道：「你為什麼願意相信我呢？」B回答道：「天天與你爭來爭去的，你的為人我自然也就非常清楚了。所以我相信你是無辜的，事實也證明我的判斷是正確的。」

領導型人格的自我調節

領導者在現實生活中會明確的劃分周圍的人或事，他們總是習慣對每一段關係都下一個明確的定義，認為對方不是朋友就是敵人。如果是朋友關係，他們就會把對方納入自己的保護體系，否則就會選擇冷眼旁觀。

他們有著非常強烈的是非觀念，不會接受模稜兩可的做事態度，因此愛恨分明就成了他們最為明顯的特點之一，但也成了他們發展過程中的阻礙之一。這種極端的態度讓他們非常容易陷入偏執之中，過度強調對方對自己的坦誠，將對方的任何隱瞞都當成欺騙。這時候就需要讓他們知道，這個世界並不是只有黑白兩種色彩，也不要輕易地把對方當成敵人。

領導者在與人相處的過程中會盡量避免被他人控制和影響，他們是獨立自主的擁護者。但是他們總是無意識地要求別人和自己一樣，為了避免被控制，選擇先下手去控制別人。

他們還會因為過度地強調控制權，讓自己無止盡地去追求權力和財富，希望可以透過高人一等的地位來獲得別人的尊重和服從。在這個過程中，他們甚至會為了權勢去攀附那些原本厭惡的人。這時候就需要提醒他們，不要讓對他人的控制慾取代了自己的真實需求，要避免對權力的濫用，要尊重別人的獨立意識。

領導者通常不會克制自己的情緒，爭吵、發怒對於他們來說就是家常便飯，而且還沒有意識到這樣做所帶來的危害，他們認為這樣是在展現自己真實的想法。但是，並不是所有人都願意接受他們這種直接、粗

Part9　領導型人格：能力越大責任越大

暴的交流方式，對方很可能會因為他們的憤怒而感到不安。

另外，他們喜歡把自己的意志強加到別人身上，在更多情況下帶來的只是別人的反感。這時候，他們就需要學會克制，在想要發火的時候馬上轉移自己的注意力。領導者還需要對各種觀點之間的關聯有認知，而不是聽見不同的聲音就選擇憤怒、爭吵。

領導者在和他人接觸的時候，有些時候會表露出自己的懷疑傾向，覺得他人總是想要控制自己。他們為了消除這種恐懼，就會把注意力放到別人的錯誤和缺陷上面，然後進行攻擊，藉此來展現自己強大的力量，而這種表現非常容易讓他人陷入尷尬的境地。

這時候就需要提醒他們，這個世界沒有那麼多人想要控制你，也不用透過攻擊他人的弱點來掩飾自己的不安，要學會正視自己，承擔責任，而不是一味地逃避。

H在生活中是一個非常強勢的人，一旦他決定要做的事情，很少有人能改變，他的行為在某種程度上已經算得上是獨斷專行了。

有一次，他負責為一家公司拍宣傳片，事先制定好了所有的計畫和步驟，只要去執行就可以了。但是在執行的過程中，一個新來的員工提出了自己的看法，覺得換另一種拍攝方式可能會有更好的效果。

H聽完之後大聲地對他說道：「你那麼有想法不如你來負責！」對方聽了，毫不示弱地把自己的想法詳細地說了一遍，然後又把H的企畫漏洞說了出來，兩人就這樣開始了一番唇槍舌劍，最後還是按照原定計畫拍攝。事後，那名新來的員工覺得自己實習結束轉正無望了，但沒想到的是，他竟然接到了提前轉正的通知。

原來，H和他爭吵之後，覺得他是一個非常有潛力的員工，於是就向上級申請幫他轉正。而這名新員工卻因為H當天的表現而忐忑不安了

好一陣子。

領導者在現實生活中總是展現出一副硬漢的模樣，他們會為了保護弱者而向他人提供幫助。但是，他們卻會非常排斥別人的幫助，在他們心中，他人對自己的幫助其實是一種憐憫。所以，他們總是故意地忘記或者拒絕自己情感上的弱點和依賴性，讓自己朝著封閉、孤立的方向發展。

這時候就需要他們學會放鬆，不要把依賴和控制相提並論，學會欣賞他人的優點，適當地釋放自己的情緒，消除控制他人的想法，只有這樣才能讓自己的生活過得更加多彩多姿。

G在生活中經常會為了正義、公益去幫助他人，但卻非常排斥別人的幫助。他總是覺得自己是一個強者，保護弱小是他的責任，但是如果自己接受了他人的幫助，自己就會成為弱勢群體中的一員。因此，他拒絕任何形式的幫助，慢慢地，他成了生活中的獨行俠。

有一次，G因為重感冒在醫院打點滴，護理師在換完他的藥之後，兩人閒著沒事聊了一會兒。在聊天的過程中，護理師發現了G性格上倔強強硬的一面，感到他總是在抗拒他人的好意，於是就對他說道：「這個世界上沒有誰是萬能的，也沒有一個人能夠缺少他人的幫助而獨立地生活下去。」

G聽完對方的話，感到非常不服氣，護理師就繼續說道：「我現在這樣對你不就是一種幫助嗎？難道你不承認嗎？」G無奈地點了點頭，承認了對方的說法。

自此以後，G對他人的幫助也就不再那麼排斥了，身邊的朋友也漸漸多了起來。

領導者在和他人相處的過程中，總是希望把話語權掌握在自己的手

中，因此不會輕易選擇妥協。對於他們來說，要麼控制，要麼離開。除此之外，他們會為了彰顯自己的控制力而制定一些規則，並把這些規則強加到別人身上，等到別人接受了這些規則之後，他們反而會破壞這些規則，藉此來證明自己的控制地位。

所以在和他們相處的時候，人們非常容易被他們善變的想法弄得疲憊不堪，進而導致他們的人際關係就此崩潰。這時候就要提醒他們，在和別人社交的過程中，要學會妥協，學會傾聽對方的想法，而不是一意孤行。

領導型人格與其他人格的碰撞

　　領導型人格與觀察型人格在現實生活中有很多相似之處，因為觀察型人格是領導型人格在壓力狀態下的表現，而領導型人格則是觀察型人格的安全類型。他們都非常注重事情的真相，也都希望能夠獲得他人的尊重。他們在處事的過程中追求獨立，想要擁有屬於自己的空間和隱私。

　　但是，這兩種人格也是九種人格中相對性最強的兩種。比如說，觀察者非常懂得退讓，他們會儲存精力，壓抑自己的需求和慾望，做事總是習慣三思而後行。而領導者則無時無刻都在表現著自己激進的一面，他們總是處在精力充沛的狀態當中，會直接表達自己的慾望和情緒，經常需要為自己的衝動買單。

　　這兩種人在合作的時候，一般情況下不會摻雜各自的情感，但可能會因為爭奪控制權而發生爭執。觀察者作為主管時，通常不會與員工有過多的交流，他們會和員工保持一定的距離，這時候，領導型員工就會因為上司的缺乏關心而產生一些想法，進而導致雙方關係出現波折。但是觀察者在決策過程中的中立、公正，又常常提供一個隨意發表意見的平臺給領導型員工。如果兩者能開誠布公的交流，則會讓雙方的合作非常順利。

　　M 和 N 在一家公司上班，M 的職務是企劃總監，而 N 只是廣告部的一個小主管。M 總是習慣性地透過電子郵件的方式分配工作，很少把大家聚在一起開會，因此 M 和 N 兩人平時並沒有過多的交集。N 在工作中是非常自由獨立的，他會把自己當成真正的大主管一樣，詳細的劃分下

Part9　領導型人格：能力越大責任越大

屬的任務。

有一次，M在抽查工作的時候，發現N所在的部門做的工作和自己的部署出現了差距，於是就找N詢問原因。N就把自己變動的原因和改變後的成果都詳細的為□陳述了一番，M聽完之後沒有說話就走了。當所有人都以為N要被責備的時候，沒想到M在開會的時候只是警告了N一番，讓他下次再有什麼想法的時候，要提前進行上報而不是自作主張，這件事就這樣結束了。

而領導者成為主管的時候，會表現得非常有自信，一旦下定決心，就不會再發生變化。他們的這種性格會讓員工產生兩種極端的感受，要麼很愛他們，要麼非常討厭他們。但是聰明的觀察型員工只會為他們提供各種消息和資訊，不會表明自己的立場，所以在一般情況下，他們能夠做到有效地配合。

觀察者與領導者對自由的追求讓雙方都非常重視自己的個人意志。所以，他們在相處過程中通常會選擇誠實以對，不會壓抑自己的想法。但是這種性格也讓他們在情感的釋放上缺乏有效的自我控制，不會輕易選擇妥協，經常會出現一些強烈的碰撞，最後導致懷疑雙方的感情。

懷疑主義者與領導者在相處的過程中，會因為雙方的性格差異讓彼此的交流變得困難重重。懷疑主義者在做事的時候會猶豫、害怕，並誇大自己所遇到的危險，當他們的疑心病加重的時候，甚至會選擇放棄。然而這些狀況很少會在領導者身上出現，他們做事毫不猶豫，只要是他們認定的事情就會全力以赴地投入，當他們遇到困難的時候，還會透過否認自己的弱點來堅持立場。

因此，這兩種人在很多狀況下的表現都是截然相反的，領導者通常會非常鄙視猶豫不決的懷疑主義者，懷疑主義者則會認為領導者是魯莽衝動之輩。

奉獻主義者和領導者在現實生活中經常會被誤認為是同一種人，因為奉獻型人格是領導型人格的安全類型，而領導型人格是奉獻型人格在壓力狀態下的反應。這兩類人都會在待人處事上展現出自己精力充沛的一面，也非常願意提供他人一些幫助。

奉獻主義者在壓力狀態下，會直接有力地表達自己內心的想法，也會非常容易變得憤怒。但是領導者在安全狀態下會變得無私助人，也願意敞開心扉，溫柔地表達自己內心的感受。

除此之外，奉獻主義者對他人的想法會非常敏感，他們也願意為了取悅他人而壓抑自己內心的想法。領導者則恰恰相反，他們做事強硬，不擅長妥協而是喜歡掌控，也不會為了取悅他人而控制自己的慾望。

因此，這兩類人在相處的過程中，奉獻主義者的自控和妥協剛好能夠迎合領導者的控制慾望，進而讓雙方做到和諧相處。

H 和 G 在工作中是非常有默契的一對搭檔，H 習慣強勢地表達自己的意見，G 則習慣圓場，兩人一個「紅臉」，一個「白臉」，讓雙方的合作經常很完美。

有一次，公司遇到了一個非常難纏的客戶，主管就把 H 和 G 派出去和對方交涉。H 一開始就表現得非常強硬，把要求提得很高，並表現出一副「你不同意就拉倒」的架勢。對方看到 H 的表現，內心稍顯慌亂，但還是不願意開口服軟。

這時候，G 就在一旁打圓場，然後開始慢慢地消除對方慌亂的情緒。就這樣，H 和 G 一軟一硬的配合，最後讓對方乖乖地答應了他們的要求。

Part9　領導型人格：能力越大責任越大

Part10　協調型人格：我們都是好朋友

協調型人格是九型人格中最和善的一種人格，他們享受和認可的是生活的全部場景，而不是某個特殊的部分。他們做事從來都不會表現出急切的情緒，保持冷靜、順其自然是他們一貫的應對辦法，協調者堅信「船到橋頭自然直」。

Part10　協調型人格：我們都是好朋友

協調型人格的特點

　　協調型人格是九型人格中最和善的一種人格，他們享受和認可的是生活的全部場景，而不是某個特殊的部分。他們做事從來都不會表現出急切的情緒，保持冷靜、順其自然是他們一貫的應對辦法，協調者堅信「船到橋頭自然直」。

　　除此之外，他們還會覺得這個世界根本不會在意自己的努力，因此還不如舒服地待著，讓自己保持平和的心態。所以他們在生活中是非常隨和的一類人，即使別人傷害了他們，只要不觸及他們的底線，他們就不會做出激烈的反應。

　　協調者在現實生活中不會輕易地做出選擇和評判，如果他們被迫做一個裁決者，最後往往會變成一個中立者。協調者總是能同理別人的立場，並在同理的過程中，展現出自己善解人意的一面。但是他們卻經常弄不清自己的需求，即使他們知道了自己的需求是什麼，也非常容易在追尋的過程中失去立場，協調者也因此變得非常害怕做決定。

　　協調者在現實生活中是非常在乎他人感受的，他們覺得一旦自己變得不和善，就沒有人喜歡自己了。因此對於協調者來說，只要對方高興就可以適當地忽略自己的感受。除此之外，他們在社交的過程中，通常不會拒絕別人，對別人說「不」就如同自己遭到拒絕一樣。

　　K 在生活中是一個非常隨和的人，不管別人說什麼他都會表示認可，他覺得只有支持他人，才不會讓自己和他人持相反意見。

　　有一次，公司召開集體會議，老闆讓員工為自己的新產品想一個好的宣傳口號，一經採納就會給予相應的獎勵。K 在私底下認真地思考著，

很快就想到了一句宣傳語，但是他卻不願意第一個站起來發表。

慢慢地，有幾個員工表達了自己的意見，大家也都表示了認可，但直到會議結束 K 也沒有把自己想好的宣傳語說出來。後來同事在跟他聊天的時候，發現他寫在筆記本上的宣傳語非常棒，就問他：「為什麼當時不說呢？」K 回答道：「別人的宣傳語已經獲得了那麼多的認可，我的就沒有說出來的必要了。」

但是同事卻不這麼認為，拿著 K 的宣傳語找到老闆，老闆看後覺得確實不錯，公司隨後決定用 K 的宣傳語為新產品宣傳。得知這個消息之後，同事就對 K 說道：「做人不要太實在，該爭取的時候要爭取一下，你看最後成功的不就是你嗎？」

協調者在現實生活中會因為過度地認同別人，而慢慢地失去了自己對事物的準確認知能力，他們會用不必要的事物來取代真實的需求，而真正需要處理的事情往往到最後一刻才會發現，這讓他們在日常生活中變得非常懶惰。除此之外，協調者在做決策的時候通常非常艱難。

因為決定對於他們來說，就是要做出一些改變、一些取捨，而這些都會讓他們覺得自己是在進行一場冒險，並對決定帶來的後果表現出深深的擔憂。所以在和他們相處的時候，不要期待他們能快速地表明自己的觀點或是制定一個計畫。

雖然協調者表面看起來非常順從，但是他們的內心仍然會有所保留和堅持。有些時候，他們也會為了違心地迎合別人而感到憤怒，也會為別人的忽視而感到焦慮，但是他們的生氣並不會表現在臉上，而是隱藏於內心。

協調者非常害怕孤單，因此他們在生活中會按照別人的日程來安排自己的生活，並表現出很強的依附性。在這個過程中，他們學會了迎合他人，甚至把別人的愛好當成自己的愛好，等他們反應過來的時候，又

Part10　協調型人格：我們都是好朋友

很難從別人的影響中解脫出來，因為協調者不具備與別人決裂的勇氣。

協調者能在自己認為安全的環境中展現出應有的活力和能力，如果他們最後發現自己做的事情是無關緊要的瑣事時，他們的內心就會非常失落，即使協調者在整個過程中表現得非常出色。

另外，協調者陷入兩種觀點衝突或者無所事事的狀態中難以自拔的時候，他們通常會需要來自外界的幫助。這時候，一個清晰的計畫、一段新的感情都能讓他們重新煥發活力。除此之外，協調者習慣了一邊壓抑自己的憤怒，一邊考慮怎麼應付各方的立場，但是他們從來都沒有放棄對他人的反抗。他們總是能輕而易舉地得知對方的想法和目的，因此當他們忍受不下去的時候，就會選擇反其道而行，讓對方陷入崩潰的邊緣。

J在生活中是一個非常不善於做決定的人，因為他總是在思考各方的反應，希望可以做出一個不得罪任何一方的決定。可是當他在聽取別人意見的時候，又會覺得每個人說的都有道理，進而讓自己變得更加慌亂。這時候J就會把注意力轉移到一些無關緊要的小事上面，藉此來緩解自己的憂鬱和焦慮，等到時間緊迫的時候才意識到自己還沒有想好要怎麼做。

有一次，J請朋友在家吃飯，大家發表了各自想吃什麼的意見，但是由於食材和時間的緣故，不能全部都做。為了避免爭吵，J就開始整理起家裡的瑣事。等到最後快到吃飯的時間了，才慌裡慌張地做了幾個菜，又叫了幾份外送，才順利地度過了做飯危機。

協調型人格在不同階段的表現

協調者在健康狀態下會表現出非常強的感受力和自制力，因此會受到他人的歡迎和喜愛。他們能發自內心地信任自己和他人，對他人會表示肯定和鼓勵，讓周圍的環境變得非常和諧。

在最佳狀態下，協調者會成為一個強而有力的個體，但是他們能夠收斂自己的攻擊和衝動，變得願意為他人奉獻和付出，讓內心獲得真正的平和。此時的他們懂得自重，不會讓自己在別人的觀點影響下左右搖擺，而是能真正地意識到自己的價值，調和原本充滿矛盾的個體，讓大家團結在一起。

但是，處在健康狀態下的協調者有時候會為了追求平衡、和諧而放棄自我意識。此時的他們能夠敏銳地感受到他人的慾望，進而表現出自己強大的認同能力，用自己的關愛和支持維持與他人的和諧關係。

此時的他們總是不自覺地接納他人的觀點和情緒，所以很少和身邊的人發生衝突，表現得也非常隨和、有耐心。協調者總是表現出天真與單純的一面，所以很難理解別人在和他們相處的時候會耍手段。他們所表現出來的強大感受力，讓他們成為九種人格中最值得信任的一類人。

健康狀態下的協調者為了追求和維持他們想要的和平局面，會設法消除緊張的人際關係所帶來的威脅。他們會致力於調解周圍的糾紛，希望所有人都和自己一樣能夠保持內心的平和。

此時的他們能夠嚴肅地對待別人的抱怨，也能夠敏銳地感受到個體之間所存在的差異和共同點，進而幫助別人緩和情緒，解決紛爭。協調者在和別人交流的過程中，會用自己的樂觀讓他人看到積極正面的思

Part10　協調型人格：我們都是好朋友

考，並消除生活中的負面思考。

當他們覺得有些重要的事情必須要說的時候，就會坦率地告訴對方自己的想法，用自己的真誠贏得對方的諒解，或者提出有用的建議給對方，幫其度過危機。

B 在生活中是一個非常平和的人，他總是能讓躁動的人安靜下來，因此每當朋友遇到難題或者爭執的時候，都喜歡找他尋求建議。而他總是能夠憑藉自己敏銳的感知力察覺到對方的想法，然後進行勸解，並在勸導快要結束的時候，將另外一方的難言之隱告訴對方，進而平息對方的怒氣。

有一次，B 的同事和客戶之間發生了爭執，雙方各執一詞，吵得不可開交，正當大家都束手無策的時候，B 來到了現場。他先將兩人分開來，避免雙方接觸，然後詳細地詢問了當時的情況。

隨後 B 先找到了客戶，站在客戶的立場上幫其分析問題，平復了客戶的情緒。然後 B 又找到自己的同事，詳細的分析和說明了事情的輕重。之後，同事找到客戶表達了歉意，雙方成功地諒解了彼此。

在一般狀態下，協調者雖然也追求和他人保持良好的人際關係，但是他們會表現出對社會角色和社會系統的屈服，此時的他們不再喜歡拋頭露面，並開始擔心表現自己的慾望可能會帶來衝突。於是，協調者就想透過順應時勢，遷就他人來避免衝突。

其實，每個人在社會中都會扮演不同的角色，但是對於一般狀態下的協調者來說，他們的角色不是自己創造的，而是被他人創造的，他們所扮演的角色是為了成全他人的期待和需求。此時的他們總是習慣用「和事佬」的角色來減少生活和工作中的衝突和爭執，讓自己成為一個沒有威脅的人。時間久了，協調者就會很難區分哪一個是真實的自己，哪一個是自己所扮演的角色。

一般狀態下的協調者會表現出對改變的擔心，他們不會去做那些擾亂自己心情的事情，想要盡可能地維持現狀。此時的他們也不喜歡在別人面前發揮自己的才能，他們希望身邊的人可以處理各自的事情，不需要他們的插手或者幫助。

協調者習慣用置身事外的方式來避免參與他人的活動可能引發的某種衝突。因此當周圍有威脅自己心情的事情發生時，他們就會選擇抽身而去，而協調者的生活也隨之開始變得消極起來。慢慢地，他們就會沉醉在一種怠惰的自我滿足當中。如果必須要面對一些問題和衝突，協調者會降低這件事情在自己心中的重要性，讓注意力轉移到那些瑣事上面。

協調者因為自己的真實想法而和他人發生爭執時，他們就會壓抑自己的真實慾望，並逐步地陷入不健康的狀況中。這時候的他們經常會透過逃避的方式來避免痛苦或是焦慮情緒的干擾，讓自己處在一種不真實的平和當中。他們開始變得極不負責任，甚至會從自我貶低和屈從的狀態，變成一個習慣逆來順受、失去自尊和個性的可憐蟲。

G 在生活中是一個沒有什麼原則的人，就算不認同別人的意見，也不會直接反對，他總是習慣用服從來換取一種平和的交流方式，爭執和競爭對於他來說是能免則免。

有一次，主管因不明原因在工作計畫上犯了一個錯，並將工作任務分配了下去。但是在整個過程中都沒有人指認出來，G 雖然看出來了但也當作沒有發生一樣，反正多一事不如少一事。

但是讓 G 沒想到的是，因為他的「默許」，讓這個錯誤在執行的過程中影響了整個工作流程，造成大家的付出毀於一旦。最後主管因為這個錯誤被革職，而 G 為了逃避內心的自責，也在不久之後選擇了辭職。

Part10　協調型人格：我們都是好朋友

協調型人格的情感世界

　　協調者能非常輕鬆地與對方相處和交流，他們能敏銳地察覺到對方的意圖，讓自己的行為盡可能地迎合對方。他們也會把對方的興趣愛好當成自己的，融合和共享是他們情感世界的主旋律。

　　他們在和別人的情感交流中，對感情的投入要遠遠超過滿足自身的慾望，和別人維持和諧的親密關係是他們所有行為的最終目的。在情感世界中的忍讓和迎合會讓他們和別人的關係維持得非常持久，就算隨著時間的延長，最初的甜蜜感和新鮮感都蕩然無存了，他們仍然會習慣性地去保護這段感情，哪怕這段感情繼續下去已經違背了他們內心的真實意願。

　　協調者是習慣被他人情緒影響的一群人，當他們的相處對象信心滿滿時，他們也會跟著表現得意氣風發；如果對方失去了活力，他們也會變得無精打采。當他們獨處的時候，情況又會發生改變，他們會表現得非常平和，因為他們總是把注意力放在不重要的事情上面，從而轉移自己對情感的關注，盡可能避免那些會讓自己產生較大情緒波動的事情。

　　協調者在現實生活中會比其他人更容易體會他人的處境，讓自己能站在對方的立場上思考和解決問題。所以他們會在情感交流中表現出對對方的順從，會說一些對方想要聽的話，把對方的生活當成自己的生活。但是這並不意味著他們試圖掌控對方，也不會讓自己成為感情當中擁有決定權的一方。

　　與之相反，他們總是試圖把感情的主導權交給對方，讓對方成為決定者。這種態度雖然能讓對方感覺到他們的善解人意和包容，但是也會讓對方覺得他們沒有主見，甚至會認為他們缺乏擔當和責任感。

其實，協調者在情感世界中表現出的順從並不代表他們會完全贊同對方的觀點。這就導致了情感一旦出現問題，他們就會把責任歸咎到對方身上。

K 在生活中是一個不喜歡表達自己想法的人，他對身邊人的提議和看法通常都會表現出支持、認可的一面，很少會從他的口中聽到拒絕和反對。

有一次，朋友找他借一筆錢，其實他也要用錢，本想著要拒絕對方的，但是為了不讓這件事影響兩人的關係，他最終還是借錢給這位朋友。可是等到他需要用錢的時候，K 只好找別人借錢。

同事知道了這件事後，非常不解地問 K：「你的錢自己也要用，為什麼不解釋清楚呢？」K 回答道：「朋友既然開口了，我怎麼好意思說不借呢？何況借錢本來就是比較尷尬的事情，如果我再拒絕他的話，會讓他更加難堪，甚至還會因為這件事情讓我們的關係也變得尷尬起來。所以我無法拒絕他的請求，只好答應他了。」

那個借錢的朋友後來知道了這件事情，覺得 K 非常講義氣，很快就把錢還給他了，還請 K 吃了一頓大餐，兩人的關係也因此變得更加友好。

協調者在情感世界中非常容易受到別人的影響，所以他們總會表現出難以做出決定，立場不堅定的一面。對於他們來說，做決定似乎是一種非常專橫、冒險的舉動，一不小心就會造成感情的疏遠和破裂。

因此，在情感世界中逼迫協調者做決定通常是一件徒勞無功的事情。如果希望他們能夠全心全意地投入到一項工作中，就不要嘗試去替他們做決定，因為他們雖然害怕孤立無援的感覺，但是他們也非常討厭對方幫他們做決定時所帶來的忽視感。

當他們感受到被逼迫的時候就會變得十分頑固，並會以擺爛的方式

Part10　協調型人格：我們都是好朋友

來奪回控制權。這時候最好的辦法是，透過展現自己的熱情來帶動他們的積極性，也可以透過做減法的方式，排除他們不願做的事情，確定他們內心的真實想法。

在現實生活中，一旦協調者決定和對方建立親密的關係，他們就會讓自己和對方融為一體，把對方的需求和想法當成自己的生活重心。所以他們一旦陷入某段感情中，就很難全身而退，他們的情感關係一旦建立就會非常穩固，他們也願意改變自己來維護這段感情。

但是，他們在感情中不會保持較長時間的活躍性，通常需要對方來帶動氛圍和調整節奏，並幫助自己做一些決定。如果非要在情感世界中做一些決定，他們就會把注意力轉移到那些不重要的事情上面，藉此來避免對情感的關注。他們也會透過這種方式來表達自己對對方的不滿，但是幾乎不會直接拒絕對方的任何要求。

C是一個不會拒絕別人的人，他總是覺得拒絕會讓雙方的關係蒙上破裂的陰影。因此，每當聽到自己不願意接受的請求時，他都會透過間接的方法來表達自己的不滿。

有一次，女朋友在和他閒聊的時候，問他是否要報一個健身班，C當時覺得沒有什麼，就隨口說道：「沒事鍛鍊鍛鍊身體也挺好的。」沒過多久，女朋友就幫他報了一個健身班，但是C在內心深處對健身是排斥的，他非常討厭在公開場合流汗，這會讓他覺得非常不舒服。

結果，不會開口直接表達反對意見的他就用各種藉口不去健身房。女朋友非常不解地問道：「你不是說鍛鍊鍛鍊很好嗎？那為什麼不去健身房呢？」面對女朋友的質問，C一言不發。

無奈之下，女朋友只好把健身卡送給了一位朋友，並和C冷戰了好長一段時間。

協調型人格在工作中的表現

　　對協調者最有吸引力的工作環境是那些有條不紊、固定不變的地方，他們喜歡每天的工作都有清晰的日程安排，自己可以按照既定的指令、流程付出精力和時間，不喜歡工作出現大的變動。在沒有激烈競爭和摩擦的時候，他們才會表現得非常放鬆，才能夠自動自發高效地完成任務。他們憑藉敏銳的感知能力和不愛出風頭的習慣，會和周圍的同事保持一種和諧的關係。

　　協調型的員工在別人需要支持的時候會義無反顧地支持對方。同時，他們也非常敏感，不喜歡被別人忽視，如果他們獲得了有力的支持就會有良好的表現。雖然他們也希望自己的表現能夠得到他人的認可，但是不會主動要求別人這麼做。

　　他們通常不願競爭，也不願主動引起他人的注意，因為這會打破他們內心對平和的人際關係的嚮往和追求。如果協調者處在一個具有明確激勵制度的環境中，就會展現出勇於冒險、有創造力的一面。

　　協調型的員工通常會把周圍人的觀點和態度當成自己的看法，進而忽視內心的真實想法。如果他們所處的工作環境是積極向上的，他們就能從中吸取有益的成分；如果他們所處的環境充滿了負面情緒，他們的注意力也會隨之發生相應的轉移。

　　他們在工作中還有一個非常明顯的缺點，那就是遲遲無法做出決定。他們會在工作的過程中不斷地蒐集資訊，想要兼顧各方面，以至於他們把注意力轉移到無關緊要的事情上面，當最後期限來臨時，他們可能會做出「用最後一分鐘來走完全程」的驚人之舉。

Part10　協調型人格：我們都是好朋友

　　協調者在工作的過程中，還會表現出兩個非常典型的衝突：第一個就是在各方觀點衝突、左右搖擺不定的時候，很難找到重點並開始行動；第二個就是如果有人替他們做出了決定，他們就會表現出頑固和難以溝通的一面。

　　因此，在工作的過程中，人們一般不會從協調者那裡得到明確的資訊，因為他們總是希望可以兼顧各個方面，做到兩不得罪，但最終結果卻恰恰相反，各方都會覺得自己沒有受到重視，進而表露出敵對的情緒。

　　協調者在工作中雖然會表現出無法果斷做決定的一面，但是這並不代表他心中沒有自己的想法，一旦別人幫他們做了決定，他們就會透過擺爛這種消極的方式來進行反抗，以表達自己的不滿。

　　H是一個非常不願得罪人的人，和諧的人際關係會讓他覺得非常安心，所以當別人發生爭執的時候，他經常會對雙方都表示肯定，做到兩不得罪。但是H的這種行為並沒有讓他擁有良好的人際關係，反而會讓別人覺得他立場不堅定，不可靠。

　　有一次，H的兩個同事發生了爭執，而H剛好在現場，於是兩人就都找H評理。H先把爭執的兩人分開，然後分別表示自己對他們的支持。

　　事後，雙方都覺得H是站在自己這一方的，內心都非常得意。但是後來兩人發現，H對兩個人說了兩種不同的話，這個發現讓兩人對H的好感一下子就冷卻了。

　　協調者獨自一人開始工作的時候會表現出自己的惰性，而他們在團隊中則更容易表現出自己的創造力，只要團隊成員之間沒有什麼大的衝突，他們就會成為非常好的參與者。他們會成為團隊中的黏合劑，協調各方的爭執，在不同的觀點中找到共同點，進而讓大家的交流變得更加和諧。

除此之外，協調者對工作也能做到長期的堅持，即使團隊一時間出現了什麼困難，他們也可以按照既定的流程執行下去，這種態度會帶動團隊成員的士氣。

當協調者在工作中成了領導者時，他們就會非常容易在不同的觀點中來回搖擺，也會花費更多的時間進行平衡和比較，以至於錯過最佳的執行時機。

協調型的領導者在制定計畫之前，總是習慣性地先進行整體的構思和企畫，把可能產生負面影響的因素一一排除，這讓他們的企畫通常會顯得不那麼精細，也會花費很多時間。

他們這種工作管理風格，對於那些積極主動的員工來說非常適合，但是對於那些需要明確指導的員工就不怎麼合適了。他們會為了盡可能地減少不確定因素，盡量讓自己的計畫貼近以前的成功案例，所以新的觀點和看法通常不能激發他們的興趣。而他們在熟悉的領域和職位上，更容易發揮自己的能力。

N在工作中習慣將事情所有的可能性都考慮進去，這種習慣讓他在辦事的過程中通常需要花費很多時間來協調各方的關係，但是並不能避免在執行的過程中產生一些衝突，這讓他非常苦惱。

有一次，N花費了很多時間和精力制定出了一份工作計畫。但是在執行的過程中，有幾個部門因為分工不明確而發生了衝突，各部門的負責人都來找N進行調解。儘管時間已經非常緊急了，但是N實在難以提供一個明確的指示，隨後他就把責任推到了自己的助手身上，讓其出面解決。雖然最後事情解決了，但是N在公司的威望也有非常大的損害。

Part10　協調型人格：我們都是好朋友

怎樣與協調型人格相處地更好

　　協調者在現實生活中總是不習慣主動表現自己，他們通常性格內向，為人處世也表現出被動的一面。與此同時，他們非常渴望自己的人際關係中能少點摩擦和爭鬥，希望能與身邊的人和諧相處。

　　協調者對平和情緒的過度追求會讓他們在社交的過程中表現出較強的服務意識，也會表現出一定的順從和隱忍。雖然他們的付出為自己的社交奠定了一個穩定的基礎，但是他們的性格仍然存在一定的缺陷，想要和他們相處地更好，首先就要學會體會他們的付出，並對他們的付出和順從表示感激，讓他們知道你對他們的付出是抱有敬意的，而不是一味地享受。

　　協調者在和別人相處的過程中，很難拒絕別人的請求，但是並不能說明他們內心也是認同的。所以對於他們的支持，一定要先弄明白他們是不好意思拒絕還是真的認同，然後再做決定。

　　善於隱忍的協調者非常害怕自己的決定和別人的觀點產生衝突，進而造成緊張的人際關係。所以他們會隱藏自己的想法，選擇支持大多數人都認可的觀點，他們的決定在一定程度上可以說就是在「隨波逐流」。

　　除此之外，協調者還非常喜歡節奏較慢，競爭不那麼激烈的工作環境。當他們處在「高壓」狀態下的時候，會壓抑內心的真實感受，服從現有的規章制度和他人的意見。因此，若想要進一步了解他們的內心，就需要學會傾聽他們的心聲，給他們一點緩衝的時間，鼓勵他們說出自己的真實想法。不然，和他們相處就會永遠存在著一層隔膜。

　　協調者在現實環境中非常看重情感，他們甚至可以為了讓對方感到

愉悅，忽視自身的某些需求。而他們所有行為的動機，其實都是為了追求一種平和的心態，工作和社交中的奉獻也不外乎如此。

除此之外，他們總是習慣性地將注意力放在別人身上，尋找對方的優點以及與自己的共同點，忽略自身獨立存在的價值。所以在和他們相處的時候，要學會適時地讚美他們、認可他們，讓他們知道自己的重要性，這樣才會讓他們在接下來的相處中有更積極的表現。

H 在生活中總是表達「順從」意見，每當別人詢問他的觀點和建議時，他總是用支持另外一個人的觀點來作為回應，久而久之，他的建議經常會被大家忽略。

有一次，公司向全體員工徵詢全方位的改進建議，並給大家三天的時間做準備。由於時間比較寬鬆，大家也以為只是走個形式而已，所以都沒怎麼在意。H 回到家中，整理了一下自己的想法，然後詢問了幾個與自己平時關係不錯的同事的意見。

由於他們都不在意這件事，自然也就提不出什麼看法，反而覺得 H 的想法非常不錯。隨後 H 在同事們的鼓勵下，認真整理了自己的想法，並上交到了公司總部。當大家都快要忘記這件事情的時候，總部對 H 的工作進行了調整，讓其負責公司的一個新專案，而這個新專案正是 H 當初所提的建議。

當大家知道這個消息之後，都大大地改變了對 H 的看法。

協調者在團隊中是服從意識最強的，他們不喜歡跟身邊的人發生任何衝突，非常容易接受別人的觀點，但是在和他們進行溝通的時候，不要以為他們的「脾氣好」就可以和他們用強硬的語氣交談，更不要不徵詢他們的意見就幫他們做一些決定。如果他們一旦覺得自己被忽視了，被別人控制，他們就會表現出頑固的一面，透過擺爛來進行反抗。相反，在和他們相處的過程中，如果能多用商量的口氣詢問他們的建議，為他

Part10　協調型人格：我們都是好朋友

們保留選擇的餘地，反而更能贏得他們的支持。

協調者在現實生活中是非常不喜歡做決定的，他們總是想讓自己處在中立位置，能夠做到左右逢源。如果遇到非要他們做決定的情況時，他們通常會進行全方位的考慮，希望能兼顧各方的利益，這就導致協調者做事的時候總是慢吞吞的。

除此之外，他們還非常害怕自己的努力得不到認同，害怕在堅持自己觀點的時候與別人發生爭執，進而造成人際關係的破裂。所以，協調者會為了規避決定帶來的風險，而選擇壓抑自己的真實想法，從而失去表現的機會。

這就需要人們在與其相處的過程中，能夠引導他們發揮出自己的能力，讓其學會獨自承擔責任，而不是在沉默中讓自己的憤怒爆發，更不要在沉默中就此消沉下去。

在大多數情況下，協調者都是非常平靜的，不會輕易表現出憤怒的情緒，但是這並不意味著他們不會憤怒。他們會因為要討好別人，壓抑自己的真實情感而憤怒，也會因為他人的忽視而產生憤怒的情緒。然而他們更多的憤怒是存在於他們的內心世界，不會直接地表現出來。

他們也會用其他方式來表達自己的不滿，或者轉移注意力，但是這種方式並不能從根本上消除他們的憤怒。所以在和他們相處的過程中，應該認真地感受他們內心的情緒變化，並引導和安撫他們，讓其將負面情緒直接釋放出來，並讓他們意識到，真正的情感是不會因為憤怒的表達就毀於一旦的。另外，也要學會避開他們憤怒的雷區，不要挑戰他們忍耐的極限。

M性情非常溫和，和別人講話也總是笑瞇瞇的，同事們都覺得她的脾氣非常好，甚至可以說是沒有脾氣。但是M的好朋友H卻知道，M只是不願意在別人面前表達出自己的憤怒，不想讓憤怒摧毀自己的人際關

係。每當 M 心中的憤怒累積到一定程度的時候，就會找來一大堆廢舊報紙雜誌，把它們撕得粉碎，然後偷偷丟掉。

後來 H 對 M 說道：「其實你並不需要這樣刻意地壓抑自己，也不用擔心他人會因為看到你憤怒的樣子而疏遠你。要適當地展現你自己的不滿，讓他們知道你內心的真實想法，這樣他們在相處的過程中才會有所改變。而你透過直接的釋放，才能真正的釋懷。」

M 聽了朋友的建議之後，覺得非常有道理，於是在社交的過程中開始適當地表現自己的憤怒。結果，她的改變非但沒有讓同事覺得難以接受，反而覺得 M 更加真實了。

Part10　協調型人格：我們都是好朋友

協調型人格的自我提升

　　協調者雖然是一個天生的矛盾調停者，但是他們仍然存在影響自身發展的缺陷。他們的核心問題就是，習慣用別人的價值和主張來取代自己的真實想法，而且他們也願意為了避免衝突而犧牲自己的需求。

　　他們在現實生活中表現出來的依賴性，來自於他們小時候被忽視或者是生活在他人陰影之下的經歷。這些遭遇會讓協調者覺得沒人重視自己，即便是他們對某件事做出了激烈的反應。這種想法也會讓他們意識不到自己的價值，並且非常容易迷失自我，在別人的興趣和願望中過活。

　　這時候就需要提醒協調者，沒有任何人是高人一等的，也沒有人是天生的重要人物，要敞開自己的心胸，充分認知自己的價值，學會為自己的感受而活，要給予自己足夠的信心和尊重。

　　協調者在現實生活中是非常被動的，他們通常不會主動表達自己的意願，卻希望別人能夠感受到他們內心的想法。這種表現方式經常會讓他人覺得難以捉摸，不知該如何與其相處。

　　除此之外，他們在行動的過程中也會因為害怕競爭、做決定而帶來風險，導致注意力總是轉移到一些無關緊要的瑣事上面。這樣的他們雖然看起來在不停地忙碌著，但是卻難以達到應有的成效。這時候就需要提醒他們，要學會專注，不要總是尋找消磨時間和能量的方法，而是要盡可能地發揮自己的能力，讓自己成為一個積極參與生活的人。

　　另外，協調者要學會把自己心中的想法直接表達出來，讓別人知道到自己的立場和想法，這樣才能避免沒有根據的猜測帶來的衝突。

此外，協調者也不要否認自己的焦慮和不滿，不要只是間接而隱祕地發洩自己的憤怒，更不要去壓抑它們。因為不管有沒有意識到這些負面的情緒，都會對自己的身心產生一定的影響，也會阻礙建立平靜、和諧的人際關係。因此，要學會正面、直接地表達自己的立場和情緒，壓抑只會讓自己變得越來越混亂，越來越焦慮。

J在生活中非常注重自己的人際關係，十分擔心自己的一些行為會讓對方不高興，所以他總是在詢問對方想要什麼，然後讓自己去適應他人。起初，J的這種做法確實讓他與身邊的朋友保持了不錯的關係。

但是沒過多久J就發現，生活已經不受自己掌控了。每當自己有什麼想法和決定的時候，都無法乾脆俐落地下決心去執行，因為他總是在擔心自己的行為是不是會讓身邊的人不高興，然後他就會放棄自己的想法。J的這種心態，經常讓他產生一種矛盾心理，那就是「做了怕承擔生活不再平靜的風險，不做又不甘心」。這讓無法做出抉擇的J的生活從此陷入了混亂的對外妥協和自我安慰當中。

在現實生活中，協調者有些時候的做法會截然相反，讓他人完全摸不著頭緒。他們在做決定之前，非常容易受他人的影響，會對事情進行全盤的考慮，讓自己對各方面的反應都想好一個應對之策。

但是一旦他們下決心執行自己的計畫時，他們就會變得非常頑固，對於自己的想法會做到義無反顧地堅持，拒絕任何反對的聲音。他們會為了避免爭吵，不願把問題搬到桌面上來解決。他們也會盡可能地描述自己的想法和細節，透過強調共同點，忽略有爭議的地方來獲得他人的支持。

這時候就需要提醒他們，要做到在堅持自己想法的同時，也聽聽不同的聲音，不要一味地順從，也不要一味地固執己見，而是要學會真誠而直接的交流。

Part10　協調型人格：我們都是好朋友

協調者會因為過於在意他人的意願，想要讓自己的行為與他人保持一致，以至於在出現問題的時候會產生這樣一種想法，那就是「那是他的決定，所以錯不在我」。他們在工作的時候，也希望透過服從他人來減輕自己的工作難度，用最小的投入獲得最大的收穫。

這種帶有投機性質又不願承擔責任的做法非常容易讓他們不被信任。這時候就要提醒他們，社交是一種以真心換真心的活動，任何不真誠都會影響最終的社交效果。

協調者在工作的時候，也容易分不清人際關係和個人原則的輕重。當人際關係和原則產生衝突的時候，他們就會覺得自己遇到了一個非常大的挑戰。因為每個人在他們眼中都存在不同的優點，讓他們難以拒絕他人。這時候就需要他們學會增強自己的力量，學會堅守自己的原則和立場，否則，就會在數不清的人情當中苦苦掙扎。

N是一個非常隨和的主管，能夠把下屬之間的衝突解決得很好，讓他們找到共同點，進而做到體諒對方。他也能包容下屬之間的一些「過頭」行為，允許他們充分地發揮自己的主觀能動性，讓大家的工作環境變得舒適。

但是N也有一個非常不好的習慣，那就是不會拒絕別人，他總覺得拒絕的話太傷人了。有一次，有一個員工在工作中犯了一個非常嚴重的錯誤，按照規章制度是要被解僱的。但N覺得這個員工本身是非常有能力的，如果因為犯一次錯就解僱對方，會讓其他同事覺得自己不近人情，於是就想不了了之。

這時公司的人事主管找到他說道：「公司想要發展，最重要的就是要堅持自己的規章制度，否則公司就會變得混亂不堪。」N聽完人事主管的話之後，覺得非常有道理，最後才下定了決心，辭退了那個員工。

協調型人格與其他人格的碰撞

協調型人格和領導型人格有著非常明顯的差異，但是他們的某些表現仍然很相似。他們都非常喜歡樸實的快樂，追求內心的舒適感，也會表現出真心待人的一面。

可是這兩種人格存在著更多不同點，領導者能夠面對衝突和憤怒的情緒，他們通常會以自己的信念為標準，並且會在社交的過程中堅定地維護自己的信念。協調者則恰恰相反，他們在面對衝突和憤怒情緒時，通常會選擇逃避，藉此來建構自己和諧的人際關係。除此之外，協調者在做事的過程中，會以別人的意願和需求作為自己的行事標準，他們非常容易在順從的過程中失去自己原有的真實立場。

協調者和領導者在工作中可以合作，但是需要雙方把自己的真實想法都說出來，否則就會變成一場意志的考驗。這兩種人格在九型人格中都屬於憤怒型的，說明憤怒在他們的情緒中占有非常重要的位置。

領導者生氣的時候會直接表達出來，然後爭奪控制權；協調者則會透過被動的反抗來表達自己的憤怒，兩者在這個過程中都會表現出頑固的一面，進而導致合作崩潰。如果兩者能夠進行真誠而直接的交流，那麼他們就可以進行卓有成效的配合，即領導者負責主動發起行動、處理衝突，協調者則可以負責調停和支持。

K和J在工作中經常會發生一些爭執，在爭執的過程中兩人都不願率先服軟。有一次，公司領導安排了一個任務讓K和J去執行。K覺得J平常做事的時候從來都不發表自己的意見，因此他就想按照自己的想法制定一個計畫，然後再告訴J就可以了，這樣就可以省下一個人的精力

Part10　協調型人格：我們都是好朋友

去做別的事情。

但是 K 的這種做法並沒有得到 J 的認可，J 覺得 K 忽視了自己的存在，於是對 K 的計畫不屑一顧。兩人因此還展開了一場拉鋸戰，最後導致任務執行失敗。

協調型人格同享樂型人格在現實生活中會被認為是同一種人格，因為他們都對快樂與和諧有著各自的追求，也都希望自己的行為能夠得到別人的認可和喜歡，還希望盡量地避免衝突，與周圍人能夠和諧相處。

但是兩者仍然有很大的區別，比如說享樂主義者做事通常以自己為中心，懂得表達自己的需求和信念，喜歡快節奏的生活；協調者則非常享受平靜、慢節奏的生活，做事也習慣以別人為中心，他們會忽視或者壓抑自己的需求。

協調者和享樂主義者在工作中會認為時間是無限的，他們在最後期限到來前能夠發揮出更大的能力，在專案前期，他們則會慢慢地消磨時間。

除此之外，協調者希望自己每天的生活都有明確的安排，不喜歡出現太多的變動。享樂主義者則會在工作過程中表現出自己靈活的一面，也會不斷地修改工作計畫。這兩類人在工作風格上的差異，讓雙方能有一個互補的合作基礎，但是在事情結束的時候，他們則會追究是誰的責任和功勞。

協調型人格是懷疑型人格的安全狀態，懷疑型人格是協調型人格在壓力狀態下的一種反應，這讓他們的性格存在一定的相似之處。例如，他們都會表現出樂於助人、追求快樂，不喜歡出風頭的一面，在相處的過程中也會表現得非常敏感，竭力避免和別人發生衝突。

但是這兩種人格仍然存在很多差異，比如，懷疑主義者習慣與別人

保持一定的距離，在做事的時候會考慮可能出現的危險和錯誤，他們需要驗證一番才能和別人進行友好的交流。協調者則是最會為別人著想的，他們會在迎合他人的過程中迷失自己，能與別人友好地相處。

N 想了很久才想到一個合適的生日禮物送給 M，並決定為 M 製造一份驚喜。等到 M 生日那天，N 帶著生日禮物來到了 M 的家，此時 B 發現自己沒有準備禮物，於是就對 N 說道：「這份禮物也算我一份吧！買禮物的錢我們兩個平分。」

由於大家都是朋友，N 內心雖然不願意，但是也不好意思拒絕。此時 M 出來了，B 拿起放在桌子上的禮物，對 M 說道：「這是我和 N 一起準備的禮物。」然後又對其說了一番祝賀的話。

事後 N 心中非常鬱悶，覺得 B 搶走了自己的「功勞」，並在此後相當長的一段時間內，都沒有再和 B 有任何聯繫。

協調者和懷疑主義者都不適合在充滿競爭的環境中工作，他們的合作能否順利進行，通常取決於雙方關係的穩定程度和信任程度。他們在工作的時候都喜歡承攬過多的工作在自己身上，協調者經常會被細節所困，懷疑主義者則很難堅持在工作上，以至於他們的工作流程都很溫吞。

所以對於他們來說，想要相處地更好就要學會交流和合理分配任務，這樣才能盡可能發揮各自的優點。例如，讓懷疑主義者去構思和策劃，讓協調者負責生產和執行。

認識自我，理解他人！九型人格心理學，在差異中尋找共鳴：

解析不同人格在情感和職場中的表現，學會自我調適與有效溝通的關鍵

作　　　者：	陳國強
責 任 編 輯：	高惠娟
發 　行　 人：	黃振庭
出 　版　 者：	崧燁文化事業有限公司
發 　行　 者：	崧燁文化事業有限公司
E - m a i l：	sonbookservice@gmail.com
粉 　絲　 頁：	https://www.facebook.com/sonbookss/
網　　　址：	https://sonbook.net/
地　　　址：	台北市中正區重慶南路一段61號8樓 8F., No.61, Sec. 1, Chongqing S. Rd., Zhongzheng Dist., Taipei City 100, Taiwan
電　　　話：	(02)2370-3310
傳　　　真：	(02)2388-1990
印　　　刷：	京峯數位服務有限公司
律師顧問：	廣華律師事務所 張珮琦律師

國家圖書館出版品預行編目資料

認識自我，理解他人！九型人格心理學，在差異中尋找共鳴：解析不同人格在情感和職場中的表現，學會自我調適與有效溝通的關鍵 / 陳國強 著 . -- 第一版 . -- 臺北市：崧燁文化事業有限公司, 2024.08
面；　公分
POD 版
ISBN 978-626-394-690-3(平裝)
1.CST: 人格心理學 2.CST: 人格特質
173.75　113011942

-版權聲明-

本書版權為樂律文化所有授權崧燁文化事業有限公司獨家發行電子書及紙本書。若有其他相關權利及授權需求請與本公司聯繫。
未經書面許可，不得複製、發行。

定　　　價：330 元
發行日期：2024 年 08 月第一版
◎本書以 POD 印製
Design Assets from Freepik.com

電子書購買

爽讀 APP　　臉書